うんざりな人間関係がいとも簡単によくなる本

話し方教室セルフコンフィデンス主宰
コミュニケーションカウンセラー
新田祥子

明日香出版社

はじめに

人間関係が人生を左右する

人には生きている限り、人間関係がつきまといます。どんなに嫌なヒトとでも関わりを避けて通ることはできません。人間関係がうまくいっている人は、だいたいにおいて幸せな人生を過ごしていることが多いと思います。

しかしうまくいかない人は、鬱々とした日々を送ることになってしまいますね。特に社会全体が不安定で、若者のコミュニケーションスキルの不足が問われる昨今は、大人から子どもまでが人間関係で悩んでいるように思います。

このたび『誰とでもうまくいく　うんざりな人間関係がグングンよくなる本』を全面的にリニューアルして出版されることになった本書では、人間関係のモヤモヤをハッピーに変える方法を伝授しています。

具体的な解決法に入る前に、まず皆さまに知っておいていただきたいこと、本書を読む際に役立つ視点をご紹介します。

■「言葉の力」を味方につけよう

幸せな人ほど幸せなことを言葉にし、不幸な人ほど不幸なことを言葉にするように、言葉には人生を左右する大きなエネルギーがあります。

そして、いい言葉は、必ずいい人生を作ってくれます。

いい言葉とは、まわりもあなた自身も幸せにする言葉です。その言葉の違いは、たった一言の挨拶にも出てしまい、互いの感情を左右します。

久しぶりに会った友人から、「いつもニコニコして幸せそうね」とポジティブに言われたら、「うん、ありがとう」と自然に感謝の言葉がでてきます。

しかし「浮かない顔をして、どうしたの?」とネガティブな言葉で挨拶されたら、「そうなの。いろいろたいへんでね」とネガティブな言葉を返し、家庭や職場の愚痴を打ち明けてしまいたくなります。

言葉の使いかたひとつで感情が変わり、その感情は行動にも影響します。

どんなときにもポジティブに表現する習慣がつけば、人間関係も人生も必ず好転するはずです。ぜひ言葉の力を信じ、味方につけましょう。

■〝脳育〟のススメ

次は〝脳育〟のススメ。自分の脳内情報をポジティブに変えていきましょう、という自己改革のススメです。

皆さんは、これまで脳についてなど、考えたこともないかもしれません。

しかし**脳を意識せずに自分を変えたり、他人との関係を変えていくことはできません**。なぜなら、私たちの思考や感情や行動を司っているのは、脳だからです。

次のページの図に示したように、脳は、生まれてから今日までに体験したことや学んだことのすべてを［記憶］というボックスに収めています。

そして、何か新しい行動を起こそうとするときには、必ずボックス内の情報（＝脳内情報）に基づいて、判断・解釈し、感情や行動を促します。

もちろん、現在のあなたの人間関係に関する苦手意識も、しっかり記憶のボックスにインプットされていて、その情報に基づいて、ネガティブな考えかたや感

人は“脳を起点とした
コミュニケーション（＝情報伝達）ツール”

五感で知覚した［情報］は、瞬時に処理される。［感情］や［行動］は、
新たな［情報］として［脳］に伝達され、記憶、処理されていく

情が促されるようになっているのです。だからこそ、新しい情報をインプットし、脳内情報を変えていく必要があるのです。

脳内情報が変われば、出来事に対する判断や解釈が変わります。判断や解釈が変われば、おのずと感情や行動が変わっていきます。

本書は、**あなたの「脳内情報を変えるツール」**と思っていただいてかまいません。新しい自分になるために、ぜひ〝脳育〟をしましょう。

「警戒心」は本能

身体にはそれぞれ役割がありますが、脳の役割は「命の安全・安心を守る」ことにあります。

命には、物理的な命である「心臓」と、精神的な命である「自尊心」のふたつがあって、脳は24時間、危険なことやネガティブなことに注目し、あなたの安全と安心を確保しようと働いています。

つまり人がネガティブなことやマイナスなことに注目してしまうのは、脳のお仕事、本能的な働きなのです。

そのため、あなたが苦手なことをやろうとするとき、脳は自動的にセキュリティを強くし、あなたの身体や自尊心が傷付かないように、防衛本能を働かせて、あなたに警戒心を抱かせます。

たとえば、あなたが苦手な人に、会釈をしようとするとき。脳はあなたにささやきかけます。

「いままで会釈などしたことないのに、ヘンだと思われるよ」

「挨拶などしても、どうせ無視されるよ」

こんなささやきは無視しましょう。

そして「いまから、私は変わるの！　邪魔しないで」と、ささやきに対してフィードバックしてあげましょう。

警戒心は、本能です。

そんなときは、恐れずに「私の脳は健康に機能し、役目を果たしている」と言い聞かせ、苦手なことを行動に移す勇気を持ちましょう。

ネガティブな思考をコントロールできれば、変わるための行動が起こしやすくなります。

それでは、これから人間関係をハッピーに変える具体的な方法についてお伝えしていきます。

ぜひ「言葉」と「脳」を頭の隅に置いて読み進めてください。

２０１４年10月　新田祥子

もくじ

第2章　逃げ出したい！　人間関係のピンチに効く18の特効薬

第3章 もっと近付きたい！　を実現する距離の縮めかた

第4章　かどが立たず嫌われない主張術

第5章　人間関係に効くイメージアップ戦略

※本書は、弊社より2010年に発行された『誰とでもうまくいく　うんざりな人間関係がグングンよくなる本』を全面的にリニューアルしたものです。

装丁デザイン　西垂水 敦(tobufune)
本文デザイン　西村ケンジ
イラスト　ゴロゥ
編集協力　大川内麻里

第１章

もううんざり！

嫌なヒトへの対処法

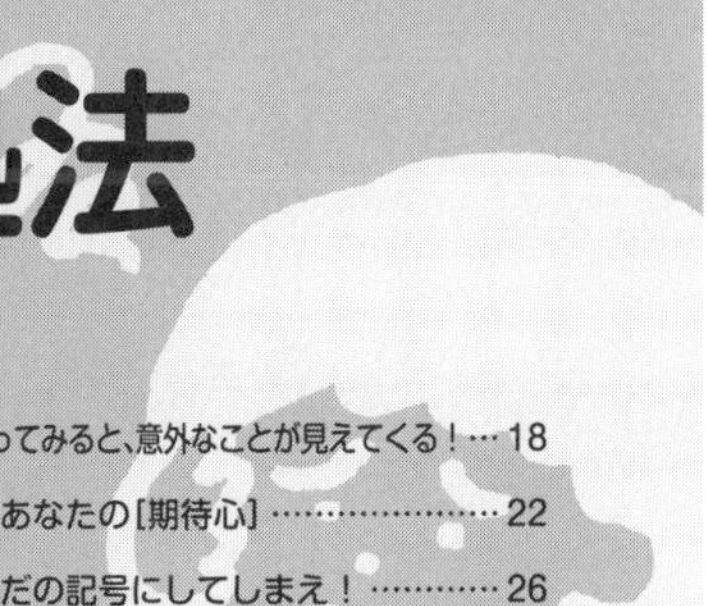

「嫌なヒト」は、なぜ「嫌なヒト」なのか？「嫌」を疑ってみると、意外なことが見えてくる！

■あなたの隣にいつも存在する「嫌なヒト」

嫌なヒトは、誰にでも、またどこにでもいます。

職場にも、偶然乗った電車のなかにも、通りすがりで入ったカフェにも嫌なヒトは存在し、大恋愛して結婚したはずのパートナーでさえ、ときに嫌なヒトになります。無神経で意地悪で、口が悪くて、自己中心的。思いやりがなく、モラルすらもっていない……。嫌なヒトの特徴を数え上げたらきりがありません。

■人は〝自分のメリットを第一にする〟存在

しかし、ここでちょっと考えてみましょう。

もしあなたのまわりにいる人が、あなたに対して無神経なことを言わず、意地悪もせず、あなたのことを中心に考えて行動してくれる人ばかりであるならば、その人は、あなたにとって嫌なヒトではないですね。

大切なことなので繰り返しますが、相手が〝あなたに対して〟無神経で、意地悪で、自己中心的な言動を取るから、あなたは不愉快にさせられるのですね。

じつは、ここに人間関係の大きな落とし穴があります。

人は（無意識にですが）**〝自分のメリットを第一にする〟**動物なのです。

メリットの基準となるのは、あなたの**【自尊心】**です。

メリットが得られれば、つまり自尊心が満たされれば、その人は、あなたにとって「いいヒト」となります。

そしてメリットが得られない、つまりあなたの自尊心を満たしてくれない人は、「嫌なヒト」になるというわけです。

「絶対的にいいヒト」「絶対的に嫌なヒト」が存在するわけではなく、あなたの自尊心を満たしてくれるかどうかで、あなたにとってのいいヒト、嫌なヒトが決まるだけなのです。

■人に共通する3つの自尊心

心理学者ウィル・シュッツは、人には次の3つの自尊心があると提唱しました。

①理解されたい、好かれたいと願う［自己好感］
②特別な存在でありたい、大切にされたいと思う［自己重要感］
③有能であると思われたい、優秀であると思われたい［自己有能感］

つまり、あなたに理解を示し、あなたをひとりの人間として大切にしてくれ、またあなたを信頼し、尊重してくれる人には「いいヒト」という感情を持ちます。反対に、あなたを否定し、大事にしてくれず、あなたを信頼も尊重もしてくれない人には「嫌なヒト」という感情を持つのです。

■「感情」は解釈で変わるあてにならないもの

このように、人の感情は［自尊心］を基準にして、満足感や安心感、自信といった［快感情］と、不安感や嫌悪感、劣等感といった［不快感情］のふたつのグループにわかれます。

たとえば仕事がひと段落した休憩時間に、無言で缶コーヒーを手渡してくれる同僚がいたら、おもわず嬉しくなって、その人はあなたにとって「いいヒト」になるでしょう。

しかし渡された直後に代金を請求されたら、ほとんどの人は「いいヒト」という感情が、急激にトーンダウンしてしまうのではないでしょうか。

缶コーヒーと代金を天秤にかけ、前者を選択した場合は「本当は違うブランドのほうが好きなのに」とやや不快に思いながら、しぶしぶ代金を支払うかもしれません。

反対に、「お金を払って飲むなら、好きなブランドのものを飲みたい」という選択をした場合は、「いまはいらない」と缶コーヒーを返却するかもしれません。

いい人間関係の基本は、互いが［快感情］を共有できることにあります。

しかし、その感情は解釈によって変わる、移ろいやすいものでもあるのです。

先人の言葉

人間は行動を約束することはできるが、感情は約束できない。思うに、感情は気まぐれだからである　――　ニーチェ

「嫌なヒト」の背後に隠れているのは実はあなたの【期待心】

■「期待」によって感情は左右される

人の思考や行動には、常に［予期＝イメージ］が伴います。予期とは相手に対する「期待」や、仕事における「目標」という言葉に置き換えることもできます。相手に対する「期待値」や「目標値」が高いか低いかによっても、結果に対する感情は変わってきます。

たとえば、就活で希望の会社の面接を受けるとき。「受かる可能性が高い」と期待したのに落ちてしまったら、かなり落ち込むでしょう。

しかし「自分には難しいかも」と期待値が低かったならば、たとえ落ちても「やっぱりね」と受け止めて、それほど落ち込みません。

■期待値が下がればイライラしない

人間関係も同様です。

嫌なヒトは、無神経な言動であなたを傷付けるかもしれませんが、はじめから相手のことを「この人は、平気で人を傷付けるようなことを言う人だ」と理解していれば、期待値が低いので、イライラせずに済みます。

たとえば、あなたの同僚が「これ、やっといて！」と命令口調であなたに言ったとします。同僚の言葉を聞いた瞬間、あなたは「同僚なのに偉そうに、なんて不愉快なヤツ！」「なんで命令されなきゃならないの！」といった思いが沸き上がり、自尊心が傷付いて、不愉快さがＭＡＸになるでしょう。

■「Aさんの命令口調は、皆に嫌われている」で気持ちがラクに

カチンときてしまうのは、脳の瞬間的な反応なのでしかたがありません。

大事なのは、そのあとです。

カチンときた感情をそのままにして、イライラを募らせるのではなく、新しい

情報（＝言葉）を脳に送って、相手に対する期待値を低くするのです。

「あ、そうか。Aさんの命令口調は、皆が嫌っていたよね」「あ〜、また出たよ！Aさんの命令口調！」などと言葉にして、Aさんというのは、もともとそのような人間だという情報を脳に伝えるのです。

思考や感情は、言葉を情報源にした脳の［反応］です。

だからこそ、不愉快になったときには、新たな言葉を脳に伝えて［期待値］を下げ、感情をコントロールするのです。

日常生活では、思考や行動も自動化されている

人は期待（イメージ）が裏切られたときに感情的になりますが、日常生活のなかで、自分の期待心を意識することはほとんどありません。なぜなら、日常生活の思考や行動のほとんどは、人間の情報処理機能である脳によって自動的に処理され、意識しなくても支障なく生活できるようになっているからです。

皆さんが日常的に繰り返している、朝起きてから会社に行くまでの行動は、ほぼ無意識で行われていますよね。

期待するから腹が立つ

人間関係においても同様で、自分の価値観や期待心というのは、普段は特段意識することはなくとも、しっかりと脳内にインプットされて自動化されています。

そのために、その期待を裏切るような言動に遭遇すると、「もっと優しく言えばいいのに！」とか「年上なら年上らしく振る舞ってよ！」とかいう不愉快な感情が芽生えてしまうのです。

不愉快な人の存在で悩む前に、**あなたにとって「いいヒト」と「嫌なヒト」の違いは、自分のなかにある［期待心］や［自尊心］に決定づけられている**ことを理解しましょう。

それだけで解釈が増えて納得することができたり、不快感情で支配されていた脳内情報が変わって、嫌な気持ちが緩和されたりします。

先人の言葉

悩みたくないなら、他人に期待するな　――　ヘンリー・フォード（米国の起業家）

嫌なヒトには「あだ名」をつけて名前をただの記号にしてしまえ！

■「あだ名」が心を軽くする

顔も見たくないほど嫌な上司、口も聞きたくないほど嫌いなのに、毎日顔を合わせなくてはならない先輩……。職場で彼らと顔を合わせるたび、「Aさん」と名前を思い出すたびに、嫌な気持ちがよみがえり、不快感が増してしまいますね。

そんな人には、この際「あだ名」をつけてしまいましょう。キツネでもタヌキでも、ブタでもサルでもかまいません。心のなかで「キツネ！」とでも呼べばいいのです。これはただの腹いせではなく、実は人間関係に有効な方法です。

■言葉を「記号」に変えてくれる「あだ名」

なぜなら「あだ名」は単なる記号だからです。

そもそも言葉は、元は単なる［記号］にすぎません。しかしその言葉に、特定の［出来事］や［感情］が加わって、記憶のボックスにインプットされたときから、［イメージ］や［感情］が伴う言葉に変身します。

つまり**嫌なヒトにあだ名をつけることによって、「Aさん」という言葉（名前）をただの［記号］に変えることができる**のです。記号に変えてしまえば、嫌悪感情が上書きされることもありませんから、Aさんに対するイメージや感情も、徐々に変わっていきます。

言葉にはイメージと感情が伴っている

ここで、ひとつ実験をしてみましょう。

「佐藤栄作」という名前で、皆さんは、どのような人の姿が浮かぶでしょうか。それは親戚の佐藤栄作さんかもしれませんし、近所の佐藤栄作さんかもしれません。ひとりひとり異なる佐藤栄作さんの姿が浮かんでいるはずです。

もちろん「佐藤栄作」という名前にまったく心当たりがない人は、何もイメージが湧きませんね。

さて、筆者がイメージした「佐藤栄作」はというと、日本の総理大臣を3期務め、ノーベル賞を受賞した「佐藤栄作」さんです。ちなみに安倍晋三（第九十代・九十六代内閣総理大臣）の大叔父にあたります。１９６０年代の人ですので、若い人には記憶にないかもしれませんね。

さて、この実験からもわかるように、言葉は、その人自身の体験や知識を通したイメージや感情が伴わなければ、単なる［記号］にすぎません。

「あだ名」は、嫌なヒトをその記号に近い存在にしてくれるのです。

■ 嫌なヒトの「嫌」は自分自身の感情

これまでお伝えしてきたように、嫌なヒトの「嫌」という感情は、あなたの自尊心や期待心を基準に生まれた感情でしたね。つまり嫌なヒトの「嫌」は、あなた自身の感情で、実は相手には関係のないことなのです。

たしかに、あなたの感情の〝対象〟となっているのは相手です。

そして、その感情が生まれる〝原因〟も相手にありますが、**〝感情自体〟はあなた自身の判断や解釈の結果、生じたもの**です。

■ 自分の感情で悩みを深めるのは止めよう

しかし**状況や解釈が変われば、感情も変わります。自分の感情で嫌な思いをし、悩みを深めるよりは、相手にあだ名をつけてしまって言葉を変え、嫌な気持ちを記憶しない努力をしたほうが、はるかにラク**です。

人はすべてを経験や知識という「学習」によって身につけます。考えることや思い出すことも、脳にとっては学習です。

嫌なヒトと思い出すたびに、自分自身の感情を記憶し、その記憶のせいでますます相手が嫌いになる。このブーメラン状態をどこかで断ち切らなければなりません。その手助けをしてくれるのが「あだ名」なのです。

先人の言葉

感情が人の運命を大きく左右していることに気付きなさい。感情のコントロールができる人が、人間関係の勝利者です

——ジョセフ・マーフィー（牧師・作家）

嫌な上司。問題は「性格」か「能力」か？切りわければ、ラクに効果的に対処できる

■問題解決の為に「現状分析」をしてみよう

素晴らしい上司にばかり恵まれて、会社が楽しくてしかたがない。そういう人は、そう多くはないでしょう。多かれ少なかれ、どんな職場にも嫌な上司がいて、多くの人がそのような環境を受け入れながら働いています。

嫌な上司に限らず、問題解決のために必要なファーストステップは「現状分析」です。

人間関係の場合、現状分析のポイントは、相手の嫌なところは①性格の問題なのか、それとも②能力の問題なのかにわけて考えること。そのように切りわけると対処法も浮かびやすくなります。

たとえば、次のような上司と部下の場合、どのように分析できるでしょうか。

Ⓐ上司にはペコペコしてゴマをすっているのに、部下には威張り散らす。
Ⓑ部下には時間厳守と言いながら、自分は時間にルーズでよく遅刻する。
Ⓒ仕事の決済が遅く、机の上には資料が山積みになっている。総じて決断力がないため、部下の不満がたまっている。
Ⓓすぐに前言を翻すために、仕事がスムーズに進まない。自分が忘れていたことなのに、部下に責任を転嫁する。

■「性格の問題」か「能力の問題」か見極める

これらの上司の問題は、それぞれ「性格」のせいでしょうか、それとも「能力」のせいでしょうか。

大きく、次のように大別することができます。

まずⒶやⒷのペコペコする、威張る、ゴマをする、時間にルーズというのは、行動が習慣になったもの。「性格」の問題として考えることができます。

いっぽう、ⒸやⒹの、決断力がない、ものを忘れるなどというのは、習慣というより、「能力」の問題として捉えたほうがいいでしょう。

■性格の問題なら、反面教師にして成長のチャンスに

性格の問題が大きい場合は、一緒の空間にいることすら苦痛になりますが、このさい**反面教師**にしてしまいましょう。

「部下は、上司のこのような言葉に傷付き、やる気をなくすのだな」とか「部下は、上司のこんなところまで見ているものなのだな」と気付けば、自分に部下ができたときのリハーサルにもなります。

■上司と対峙するから不愉快になるのです。

正面きって対峙するのではなく、「自分を成長させるいい機会」「将来の自分に向かって、成長できるチャンスが与えられた」と客観視すれば、嫌な上司に対してもおだやかな気持ちでいることができます。

■能力の問題なら、上司を補佐する役割を演じてみる

も**し能力の問題で、上司を嫌になっているのであるならば、上司をサポートす**

る役を演じましょう。

上司であることに期待しているから、腹が立つのです。

会社は組織ですから、役職は上でも、能力的にはさほどではない人がいても、何も不思議ではありません。

そのような上司に対して、あからさまに侮蔑してみたり不信感をあらわにしたりしても、あなたの人格を下げるだけ。上司にとって、あなたは嫌な部下になってしまいます。

能力のない上司は、仕事面では尊敬できないかもしれませんが、性格的にはいいヒトかもしれません。上司のサポーターになったつもりで働いて、性格のよさに目を向ければ、不愉快な感情で苦しむこともありません。

先人の言葉

他人に花を持たせよう。自分に花の香りが残る
——斎藤茂太（精神科医・作家）

感情的な上司にうんざり……「怒る」と「叱る」の違いとは

■叱れない上司、怒鳴り散らす上司

最近は、パワーハラスメントの問題もあって、部下を叱りたいのに叱れないという上司が多いようです。それでも昔のように大きな声で怒鳴り散らす上司も、まだまだ皆さんのまわりにもいらっしゃるのではないでしょうか。

■自分の感情処理で怒り、部下の成長のために叱る

私は企業で役職に就いている方を対象にした「叱りかた」のセミナーなどもやらせていただいているのですが、管理者のなかには、「怒る」ことと「叱る」ことの違いをしっかり把握できていない人も多いようです。そのために、部下にいっさい注意もしなければ叱ることもしないという管理職の方もおいでになります。

自分が腹立たしいと思ったことに対する感情処理が「怒る」です。

いっぽう、**部下の成長や行動変容を促すための指導の一環として行われることが「叱る」**です。

このように定義をすると、両者の違いが明確になるのではないでしょうか。

つまり、**部下の成長や行動変容を目的に叱るのであれば、大きな声で怒鳴る必要はない、**とも言えます。

また大勢の前で叱るのがいいのか、個別に叱ればいいのかといった判断も、定義に即して考えれば容易にできますね。

怒りっぽい上司は人を選んで怒る

皆さんのまわりにも感情的な上司がいるでしょうか。

典型的なのは、怒りっぽくて、大きな声ですぐに怒鳴る上司ですね。このタイプは、思考と感情のあいだが短いために、すぐにカッとなり、怒りを爆発させてしまいます。

このような上司に仕えているという方は、上司のことを、まず冷静に観察してみてください。

カッとなりやすいわりには冷静で、必ず怒りを向ける対象を選んでいるはずです。怒鳴られたら、オドオド、ビクビクしてしまう人や、大人しくて何も反抗しない人をターゲットに怒りをぶちまけていることが多いはずです。

■感情処理の上司には、冷静に反撃しよう!

そのような上司には、きちんと言い返しましょう。

攻撃的に反論するのではなく、「怒られる理由が、よくわかりません。理由を教えてもらってもよろしいですか?」と、冷静に理由を質問するのです。

ただし上司が怒りをぶちまけている最中に、いきなり質問するというのはかなりハードルが高いです。

そのハードルを乗り越えるために、**自宅で何度も、怒られている場面を想像しながらリハーサル**をしてください。

「怒られる理由がわからないのですが、理由を教えていただいてもよろしいですか?」と何度も声に出して練習をするのです。

実践同様のリハーサルは、脳にとって学習となります。何度もリハーサルしておくことで、いざ上司と対峙するというときにも、自然に言葉が出てくるようになります。

■ときには逆ギレしてみる

また何度も理不尽に怒られ、ターゲットにされていると感じたときは、逆ギレしてもかまいません。

「おまえなんかクビだ！」と言われたら、「どうぞクビにしてください。○○上司に相談してみます！」と、その上司よりも、さらに上の上司の名前を出して言い返しましょう。きっと次から、彼はあなたを標的にしないはずです。

ただし怒りっぽい上司も、怒ったあとで「部下が出社拒否になったらどうしよう」「これでうつ病になったら困る」など、戦々恐々として、自分を責め、悩んでいることも忘れないでください。

先人の言葉
過去のリーダーの仕事は「命じること」だが、未来のリーダーの仕事は「聞くこと」が重要になる
――ピーター・ドラッカー

人を小馬鹿にして自己チューな上司や同僚が嫌！

■「人として未熟だなあ」と期待値を下げる

自分を偉いと思い込んでいたり、優秀であるとの意識が強かったりする人は、その気持ちが態度や言葉の端々に出ていて不愉快になりますよね。

人を馬鹿にする理由は、優越感に浸って、自分の［有能感］や［重要感］を満たしたいからです。このような人は、自分のほうが優れていると思う相手には優越感を持ちますが、自分よりも立場が上の人にはペコペコします。

そのような人に対しては、**「人として未熟だなぁ」**と思いましょう。相手が優秀だと〝期待〟しているから、腹が立つのです。**「未熟な人なのだなぁ」とつくづく思えば、その人に対する期待値はガクンと下がり、腹も立たなくなります。**

自己中心的な上司や同僚には……

部下の手柄は平気で横取りし、自分のミスは押し付ける。普通の神経の持ち主ならとてもできないことを平気でできてしまうのが、自己中心的な人の特徴です。もともと、人は自分のメリットを第一に優先するようにできていますが、それでも状況や相手のことを考えて、少しずつ譲り合うことで、円満な人間関係を築いていくもの。このタイプは、どこかで成長がストップしてしまったのですね。

自己中心的な人との付き合いは、なかなか厄介ですが、**ビジネスライクに淡々と付き合う**のがベストかと思います。

ただし何事かトラブルが起きたときに、責任を押し付けられても困りますから、**報告や連絡は怠らないようにしながらも、何日の何時に何を伝えたかなどを手帳に残しておく**ようにするといいですね。あとで言いがかりをつけられたときの証拠になります。

先人の言葉

敵のために火を吹く怒りも、加熱しすぎては自分が火傷する　――シェークスピア

意地悪をされたら……合理的な判断をして冷静に対処する方法

■ どこにでもいる意地悪な人

意地悪な人は、どこにでもいます。どのように対処したらよいでしょうか。

お勧めの方法はふたつです。

ひとつは、**あなたが「意地悪をされた」と判断した出来事を、多角的に分析すること**。頭で考えるのではなく、メモ用紙と筆記用具を用意して、なぜ「意地悪された」と判断したのか、その理由や根拠をすべて書き出しましょう。

そして、理由や根拠のひとつひとつに対して、判断の信頼度をパーセンテージで、本当にその判断が正しいか否かの妥当性を○、△、×をつけて評価できると、状況が冷静に分析できます。

■出来事を客観的に分析してみる

もし女性上司から洋服や髪型について注意され、深く傷付いたとしたら。
①まずその「出来事」を表のいちばん上に書きます。
②なぜ上司はそのような注意をしたのか、考えられる理由を、その下に書き出します。この場合は、上司の嫉妬であると考えました。
③次に、上司の嫉妬が理由だと判断した根拠をリストアップしていきます。
この場合は、
●注意されたあと、すぐにトイレでチェックしたが、問題は感じなかった。
●女性上司はかなり年上で容姿が衰えてきたことを普段から気にしている様子。
●注意を受けるのは、自分と同じような若い人だけである。
●昇進し、細かい指摘も上司の役目、部下の管理と思っているかもしれない。
などが挙げられました。
④そして理由や根拠がどれぐらい信頼できるか、そしてその信頼度は妥当かどうかを数値や記号で示していけば、分析表ができあがります。

このような方法で、合理的な判断をすれば、状況を客観的に見ることができるようになります。客観視が興奮状態の脳を冷静にし、いつまでも感情的になって苦しまずに済みます。

意地悪な出来事		
服装、髪型について注意を受けた		
考えられる理由		
嫉妬しているのか		
根拠	**信頼性**	**妥当性**
鏡を見たが、見た目には問題なかったのに言われた	95%	◎
上司はかなり年上で、体型の崩れなど、普段から容姿を気にしている様子だから	90%	○
被害者は若い人のみ	75%	△
最近昇進したので、細かい指導も上司の役目、管理と思っているのかもしれない	30%	×

「未熟な人！」と声に出して言う

意地悪な人への対処法ふたつめは、相手のことを「未熟な人！」「かわいそうな人！」と、声に出して言ってみることです。その人のことや嫌な出来事を思い出すたびに声に出して言ってみてください。もちろん周囲に人がいるときは心のなかででです。

相手に対して憐みや同情の言葉を口にするという行為は、精神的に相手より優位に立つことでもあります。憐みの言葉を口にすることで、傷付いた自尊心がほんの少しですが満たされ、感情が癒されます。

すべての人がそうだとは言いませんが、意地悪をする人は、他人を困らせ、不愉快にすることで、相手より優位に立ちたいのです。もしかしたら自分のなかに満足できない部分があって、その穴を意地悪で埋めているのかもしれません。

どちらにしても人としては可哀そうな人で、未熟なのですから、同じ土俵に立って自分を貶めるのはもったいないことです。

先人の言葉

困難のなかに、機会がある　――　アイン・シュタイン（物理学者）

恥をかかされたら……
味方をつけて、正当な主張をする方法

■「恥」とは自尊心を最大限に傷付けられる行為

人前で恥をかかされたら、誰でも怒りで身体が震えてしまいます。

なぜかというと、**「恥をかかされる」というのは、自尊心を最大限に傷付けられてしまう行為**だからです。

恥をかかせた本人は、いずれ自分がしたことを忘れてしまうかもしれません。

しかしかかされたほうは、決して忘れません。

恥というのは、それほど強烈に記憶に定着してしまうものなのです。そのため感情もマックスな興奮状態に陥ってしまいます。

もし恥をかかされたら、どう対処したらいいでしょうか。

■興奮が収まるまでは、歯を食いしばって耐える

興奮状態が収まるまでは、〝忍〟の一字です。

なぜなら、**興奮しているときに反撃しても、いい結果を生まない**からです。歯を食いしばり、大きく息を吐き出して、しっかりと感情をコントロールしましょう。

また恥をかかされた直後は、怒りの感情が強いですから、まずは**頭を冷やすための行動**を取りましょう。

急いでその場から離れる。水を飲んで落ち着く。トイレに駆け込む。数を数える……など、「恥」ということに集中し興奮している意識を、ほかに向けることならなんでもかまいません。いまできる行動を起こして、興奮を鎮めましょう。

■冷静になったあとは正当な〝主張〟を

落ち着いてきたら、恥をかかされたことに対して冷静に対処しましょう。

許すもよし、しっかりと反論するための行動を起こすもよし。そのときどきで判断し、対処したらよいと思います。

ただし、そのときに脳裏に置きたいのは、**〝仕返し〟ではなく、〝主張〟をする、**ということです。

冷静に「伝えるべきことを伝える」という意識を持ち、戦略を練れば、方法やタイミングを図る余裕が自ずと生まれます。

その余裕が、感情的なケンカではなく、冷静な対処をもたらしてくれます。

■ 反論するときには、必ず味方を作っておくこと

主張するときには、

①味方を作っておく

②感情的にならない

③端的に伝える

の3つを守りましょう。

味方は、誰かに相談することで作ってもかまいませんし、事実を周囲に知らしめて、不特定多数を味方にしてもかまいません。そのときどきの内容や状況で判断しましょう。

■不特定多数を味方にしたいときは、事実を意図的に流布

ただし**不特定多数の人を味方にしたいときは、できるだけさり気なく話題にすること**をお勧めします。

感情的に自分の正当性を主張してしまっては、たとえあなたの主張が事実であったとしても、周囲は感情的になっているぶんを相殺して受け止めてしまいます。

ですから、決して感情的になってはいけません。

たとえば、トイレで手を洗いながら、同僚に「このあいだは、参ったよ。クライアントに、添付資料の不備を指摘されたら、課長、自分で資料作ったくせに、俺のせいにしてクライアントの前で怒ったんだぜ。いつものことだけれど、人としてどうかと思うよ……」と、さりげなく話題にするのです。

それだけで上司の卑劣さを流布することができ、同時に、そんな屈辱を受けても冷静でいられる、あなた自身の懐の深さもアピールできます。

先人の言葉
廓燃無聖《かくねんむしょう》——禅語。雲ひとつない空、の意。

陰口、悪口を言われたときは……
相手をギャフンと言わせる対処法

■ とりあえずは無視して堂々としている

社会人としてのマナーを心得ている多くの人は、陰口や悪口を言うことはありませんが、もし自分が悪口を言われていることに気付いたらどうしましょう。

そのような常識外れの人を相手にするには、大きなエネルギーを消費しますから、まずは相手にしないこと。そんな人のために、クヨクヨと悩むのは損です。

もし動揺しそうになったら、**深呼吸して「気にしない！」と何度も自分に言い聞かせてください**。

そして、陰口が事実でなければ、「このあいだ、私のこんな陰口聞いたんだけれど、ぜんぜん事実と違うの。意地悪な人もいるのね～」とまわりの人に軽く打ち明けて否定し、あとは堂々としていましょう。

そもそも陰口は、大げさに伝わったり、誰かの勘違いで情報が流布したりした可能性のほうが高いもの。**釈明などして、下手に騒ぎ立てるより、無視することがいちばん。**あなたが堂々としていれば、いずれは消えてなくなります。

■直接悪口を言われたら、意表をついて相手を動揺させよう

もし直接悪口を言われてどうしても反発したいと思ったら、反発心をぐっと堪え、ニッコリしながら、その場で**「ありがとう」**と言って、相手の意表を突きましょう。

「ありがとう」に特別な意味はありません。相手の意表を突くための言葉です。相手はあなたと直接ケンカをしたいか、あなたを見下していて、動揺した姿や、困った姿を見たくてしかけているのです。ですから、**相手にとっては予想外の言葉を伝えて、逆に動揺させてやりましょう。**

冷静に「ありがとう」と言えたら、それだけであなたの勝ちです。

このときに少しでも動揺を見せたら、相手の思うツボ。すっくと背筋を伸ばし、いつもより少し大きめの声で、ゆっくりと発音して、少しも動揺していないこと

を示しましょう。

■常習犯の相手には、自宅で練習してから対処する

ただし、もし相手が常習犯で、あなたに対していつも挑戦的な態度をとっている相手なら、あなたの脳は興奮状態に入りやすくなっているため、冷静でいるのはかなり難しいですね。

そのような場合は、**自宅で何度も、相手との実戦の場面をイメージしながら、「ありがとう」を練習**してください。

脳にとって練習も学習ですので、本番でも言い返しやすくなります。

もし練習中にドキドキしたり身体が熱くなったりするようだったら、何度も深呼吸して、身体の興奮状態を鎮めましょう。**興奮しながら練習を続けると、本番でも興奮してしまいます。**必ず身体の興奮状態を鎮めながら練習してください。

■女性は相手の目を、男性は相手の心臓を捉えると冷静になれる

なお相手と対峙するときは、**視神経を使う**ことを意識してください。

視神経は、脳内の神経細胞の70％と繋がっていると言われます。視神経を使って、相手を捉えることで、興奮状態に入ろうとする脳をコントロールすることができます。

ただし、女性と男性では目で捉える場所が異なります。

あなたが女性なら、相手の目をしっかりと見ながら。男性なら、相手の心臓あたりを見るようにしましょう。

女性には、相手の目をじっと見ると肚が据わる＝冷静に対処できるという特徴があります。

いっぽう、男性は目を直視すると脳が興奮状態に入って、殴り合いのケンカになる可能性があります。男性はむしろ相手の心臓（＝命）あたりをしっかりと捉えるようにすると、冷静でいられます。

先人の言葉

心は天国を作り出すことも、地獄を作り出すこともできる

——ジョン・ミルトン（詩人）

どうしても嫌なヒトと会わなければならないときには

■ 新しい言葉を刺激に、脳をコントロールしよう

これまでにもお伝えしてきたように、**人の行動には、常に予期（＝イメージ）が伴い、その予期は記憶に基づきます**。

嫌なヒトと打ち合わせで会わなければならないときなど、無意識でいると、これまでの記憶に基づいて、自動的にその人との嫌な出来事やイメージが思い起こされ、不愉快な感情が生まれてしまいます。そのため、会う日が近付くにつれて「嫌だ」という感情だけが強くなって、打ち合わせがますます苦痛になってきます。

そんなときは、**脳に新しい情報を送って、感情をコントロール**しましょう。

「嫌だなぁ」という言葉が浮かぶたびに、「まぁ、しかたがないか。短い時間だし」とか「お互いに苦痛かもしれないし」とかいう言葉を、脳にフィードバック

してください。**嫌だという感情は、言葉を刺激にして起こる化学反応。その感情を鎮めてくれるのもまた、刺激となる言葉なのです。**

■打ち合わせ自体に注目すれば、相手が気にならなくなる

あなたにとっての「嫌なヒト」は、あなたの自尊心や期待心を満たす言葉や行動をとってくれなかっただけ。そして「嫌」はあなた自身の感情で、その感情は、解釈次第でどのようにも変わる移ろいやすいものです。

そのように考えたら、いちいち感情で反応し動揺すること自体が、なんだかバカバカしいと思えてくるのではないでしょうか。

それよりはもっと現実的になって、**打ち合わせでどのような成果を得たいのか、どうすれば望む結果を引き出すことができるのかなど、打ち合わせ自体に注目し**ましょう。打ち合わせの中身に注目するだけで、視点が変わり、相手のことが気にならなくなります。

先人の言葉

世の中に幸福も不幸もない。ただ、考えかたでどうにでもなる　――シェークスピア

完全に断ち切ることが難しい相手からは上手にフェイドアウトしよう

■ 少しずつ少しずつ距離を置くことから

仕事で絡んでいて関係を断ち切るのが難しい相手や、ご近所さんで付き合いをゼロにはできないという場合は、**上手にフェイドアウトする**ことで関わりかたを変えることができます。フェイドアウト（fade-out）とは、相手とのあいだに少しずつ距離を置いて去っていくこと。物理的にも、気持ち的にも、相手とのあいだに距離を置き、徐々に関係を消滅させていくことを言います。

■ 不愉快な思いをさせずに距離を置く

気をつけたいのは、**相手に不愉快な思いをさせずに距離を置く**という点です。

ＳＮＳ上の友人なら、徐々にコメント回数を減らして、気付かれないように去っていく。

友人関係の解消なら、「あなたとはもう付き合えない！」などと言って相手を傷付けるのではなく、「仕事が忙しくなって」とさりげなく理由を作り、連絡を取り合う回数を減らしていくのです。

誰にも言わずにフェイドアウト

また、どこから話が漏れ、伝わってしまうかわかりませんから、**フェイドアウトすることは、相手にはもちろん、共通の友人や、ほかの知人にも告げてはいけません。**

もし誰かに聞かれたら、「忙しくて、連絡を取る時間がないの」などと伝えて、上手に嘘をつきとおしましょう。

もしどうしても会わなければいけなくなったら、二人きりで会うのではなく、複数で会うようにすることも忘れませんように。

先人の言葉

出会いは神様からの贈り物、しかし選択権はあなたに委ねられている　――　新田祥子

成熟した大人の人間関係対処法とは？嫌なヒトとそれなりに付き合う3つの方法

■どんなに嫌なヒトとでもうまく付き合えるのが大人

なんとなく苦手と相手を判断して、壁を作ってしまうのはもったいないですね。

よく話してみたらいい人だったとか、ウマが合ったとかいう場合もありますので、一方的に関係を断ち切るようなことだけは、避けたいものです。

なぜなら、いまはとっても嫌なヒトかもしれませんが、ある日その人があなたに大きなビジネスチャンスをくれて、いい人に変わるかもしれないからです。

幸運も幸福も、自分以外の人が運んでくれるもの。

せっかくの出会いを感情で断ち切ってしまうのではなく、関係を継続させることこそ、大人としての付き合いかたといえます。

ただし「この人とは、もうダメだ」と心底から判断したなら、それなりの付き合いかたに変えていったらよいのではないかと思います。

ここでは、どんなに嫌なヒトとでも、大人としてそれなりに付き合うことができる、3つの方法をご紹介します。

【それなりの付き合いかた1】挨拶は自分からしよう

どんなに嫌でも、挨拶だけは、しっかり自分からするようにしましょう。

なぜなら**挨拶はマナーではなく、互いの存在を承認し合う、神聖な行為**だからです。

「おはようございます」「こんにちは」の声掛けはもちろん、「お久しぶり」や「元気でしたか」というのも、挨拶のうちです。「嫌な相手だから、挨拶もしたくない」というのでは、人として残念です。

言葉を交わすのが苦手なら、軽く頭を下げる、手を振る、視線を合わせるなどのボディランゲージでもかまいません。

大事なのは、あなたが相手を承認したというメッセージが、しっかり届くこと。あなたが送ったメッセージを、相手が認識できれば、それでいいのです。

挨拶は、相手の自尊心を満たす、最大のツールです。

あなたが送ったメッセージがしっかり相手に届けば、それだけで相手の承認欲求が満たされて、互いの印象が変わるきっかけになるかもしれません。

【それなりの付き合いかた2】苦手と感じる原因を具体的に考える

「この人、苦手」「嫌なヒトだな」と感じてしまうのは、脳のセキュリティ機能によるもの。ただ防衛的になって相手を避けるのではなく、ぜひ脳の問題解決機能も使って、感情のバランスを取りましょう。

そのためには、なぜその人が嫌なのか、**原因を具体的に考えてみる**ことをお勧めします。

生意気だから、図々しいから、不潔だからなど、何かしら理由があるはず。その理由が見つかれば、案外割り切って付き合うことができるかもしれません。

漠然と苦手だ、嫌だと思っているだけでは、関係を改善するための努力すらできません。しかし原因が見つかれば、これまでとは違う見かたや考えかたができて、そこから新たな関係が始まるかもしれません。

【それなりの付き合いかた3】「ま、いっか」の精神で付き合う

3つめは、**「ま、いっか」の精神で付き合おう**ということです。

誰かに嫌味を言われたら、一瞬は「悔しい！」と思ってもかまいません。しかし、そのあとで「嫌味を言われちゃった。でも、ま、いっか」と考え直して、悔しい感情を手放すのです。

こちらから挨拶をしたのに、無視されて不愉快になったときにも、「無視されちゃった。きっと機嫌が悪いのね。でも、ま、いっか」と、気持ちを仕切り直しましょう。そうすれば、自分の感情で苦しむこともなくなります。

どんな人とでも、それなりに付き合うことができるのは、臨機応変に対応できる成熟した大人だからこそ。自分のなかにある執着心やルールを手放すことができれば、案外世の中に嫌なヒトも嫌なこともなくなります。

「ま、いっか」は執着心やルールを手放す最良のツールです。

先人の言葉

人生とは出会いであり、その招待は二度と繰り返されることはない　――　ハンス・カロッサ（詩人）

colum

心がラクになる考えかた

禅の言葉に「喫茶去《きっさこ》」という言葉があります。

嫌いなヒトにも、「ようこそ、いらっしゃいました。まずはお茶でも召し上がれ」とお茶を差し出す心を表す言葉ですが、私はこの禅語が大好きです。

喫茶去という言葉が脳裏に浮かぶだけで、縁側に座って、穏やかな日差しを受けながら、ゆっくりとお茶をいただく世界が広がり、煩雑な日常から解放されて、気持ちがホッコリしてきます。

心がラクになる考えかたとは、「喫茶去」のような精神ではないでしょうか。

豪華でも、とびきり贅沢でもなく、日常生活のなかで展開される喫茶去の心が、いちばん心をラクにする考えかただと思うのですが、皆さまはいかがでしょうか。

第2章

逃げ出したい！ 人間関係の

ピンチに効く 18の特効薬

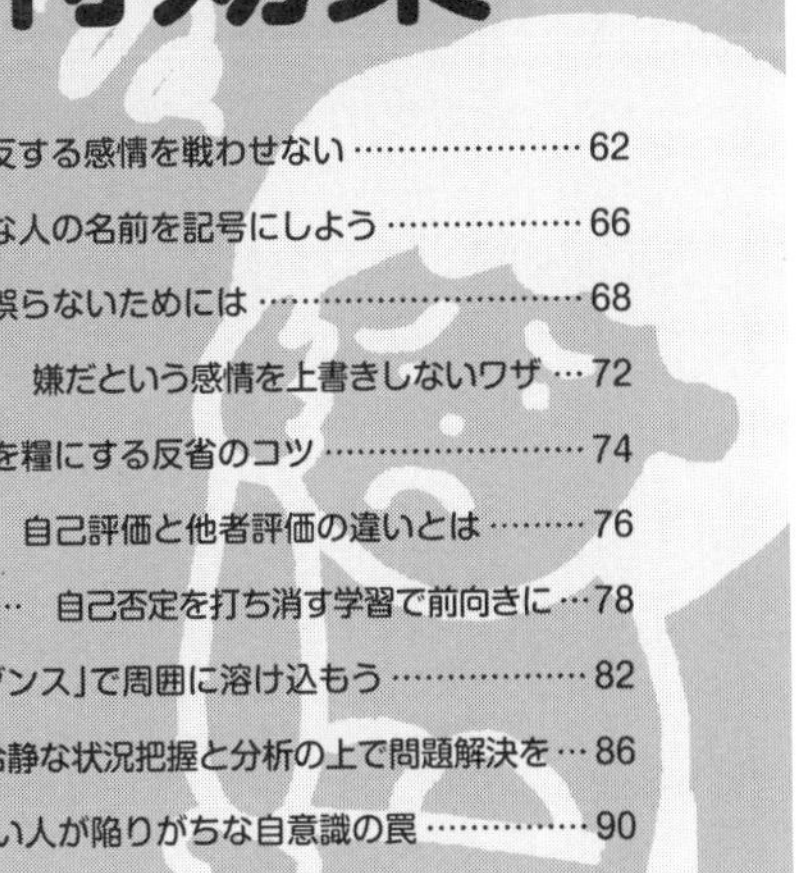

上司や同僚と合わないときには相反する感情を戦わせない

■職場の人間関係は、働く人たち共通の悩み

働く人なら誰もが上司や同僚と合わないと悩んだことが、一度や二度はあると思います。

むしろ悩んだことがないという人のほうが珍しいのではないでしょうか。

私事で恐縮ですが、私は長年フリーランスで仕事をしてきました。このように申し上げますと、もしかしたら読者の皆さんは「人間関係のストレスなどとは無縁だっただろう」と思われるかもしれません。

しかしフリーランスの人間にとって、取引先の人は、どんな立場や役職の方でも上司のような存在でした。

取材先とトラブルを起こしたり、相手が気に入るような記事が書けなかったり

すれば、次から仕事が来なくなります。会社員のような公的な身分保障はありませんから、すぐに路頭に迷ってしまいます。

そのような環境で仕事をしてきましたので、人間関係のストレスはたくさんありました。

しかしそのストレスが蓄積されることはありませんでした。

その理由は組織に属さずに生きていこうと決めたときに、腹をくくったことにあるのではないか、と考えています。

「何があっても、何事もジタバタせずに引き受ける」

そう覚悟していたからか、社会人経験の浅い人から偉そうな態度をとられても受け流すことができ、ストレスにはなりませんでした。

■「合わない」ことをいったん認めよう

実は「上司や同僚と合わないと感じる」というだけでは、人にとってストレスにはなりません。

しかし「上司と同僚と合わないと感じるけれど、我慢する」や「上司や同僚と合わないと感じるけれど、なんとかうまくやりたい」というのは、ストレスになります。

なぜかというと、**自分のなかにある、相反するふたつの感情、①「合わないと感じる」と②「我慢する」「うまくやりたい」を、同じステージで戦わせているから**です。ふたつの相反する感情の葛藤が、ストレスになるのです。

もし**上司や同僚と合わないと感じるのであれば、いったん受け入れましょう。**「合わないけれど、仕方がない」。「仕方がない」は「ま、いっか」の精神と同じです。

いったん受け入れたあとに、「でも、なんとかうまくやっていこう」と仕切り直すことができるようなら、なおよしです。ストレスははるかに少なくなります。

■ 仕切り直してステージを変える

脳にはバランスを取ろうとする習性があります。

そのため、ひとつのステージで「合わない」というマイナスな思考を強くすればするほど、バランスを取ろうとして、「うまくやりたい。なんとか好かれたい」

というプラスにしようとする思考が働きます。

この葛藤がストレスになるのです。

しかしいったん事実を認め受け入れてしまえば、ステージが変わり、新たなステージで思考を前に進めることができます。

風は抵抗すればするほど強く感じますが、抵抗しなければそれほど強くは感じません。合わない人なら、好かれたいなどという雑念は、さっぱりと捨ててしまいましょう。

合わないことをそのまま受け入れ、淡々と接すればいいのです。淡々と仕事をし、淡々とするべき報告をし、割り切って付き合うのです。

ただし感情を読み取られないよう、表情や態度には最大限に注意を払いましょう。仏頂面など、あからさまに「嫌いだ」という態度を見せてはいけません。

感情が沸々と沸騰しそうになったときは、「ま、いっか」と心のなかで何度も唱えましょう。

先人の言葉
いちばん騙しやすい人間は、すなわち自分自身である
——バルワー・リットン

ほとほと人間関係に疲れたら苦手な人の名前を記号にしよう

■疲れたときに活力を養うには〝歩く〟

人間関係の悩みほど、消耗するものはありません。

ほとほと疲れてしまったら、思い切って休暇を取り、心身を休ませましょう。自宅でボーっとするなり、趣味を楽しむなり、仕事から離れ、まずは心身を休ませることです。

そうして過ごしながら、一日に1～2時間、何も考えずに歩いてください。風を肌で感じ、太陽の光を受けながら、頭を空っぽにしてただ歩くのです。

心身は一体です。歩くだけで、足裏から脳までの神経細胞や筋肉、五感が刺激され、全身のバランスが整いはじめます。

全身のバランスが整えば、気持ちも軽くなり、再び活力が充実してきます。

苦手な人の名前を連呼するだけで、嫌な気持ちが弱まる

それでも苦手な人は苦手で、人間関係も続きます。しかし「苦手」というのは自分の感情です。嫌な感情は、外に吐き出して軽くしてしまいましょう。方法はとても簡単です。**苦手な人の名前を3分間連呼するだけ。**それだけでその人の名前に伴う嫌な感情が薄れます。

本来、言葉は単なる記号です。しかし言葉に特定の出来事や意味が加わると、感情が伴います。

そのために、苦手な人の名前を何度も声に出して言うことで、名前を脳に慣れさせ、あなたが記憶している嫌な感情を麻痺させるのです。それだけで、嫌な気持ちを軽減することができます。

心療内科などで使われている方法で、思いのほか効果がありますので、ぜひ試してみてください。

先人の言葉

人の七難よりわが十難　――　日本のことわざ

会社を辞めたい……大きな決断を誤らないためには

■人生を「働く」ことから「生きる」ことへシフトした日

「会社を辞めたい」と考えたことのある人は少なくないでしょう。

会社勤めをしたことがない私が、会社を辞めたい人へアドバイスをするのはお門違いかもしれませんが、逆説的な意味で体験をお話してみたいと思います。

実は私も大学卒業後に就職し、一日だけ会社員をしたことがあります。40年以上前のことなので東京駅に近い会社だったことぐらいしか記憶にありません。はっきりと覚えているのは、会社の窓から見下ろした景色です。眼下に広がる蟻のような大群。大群がコンクリートの四角い建物に吸い込まれていくさまを見て、息ができないほど苦しくなってしまったのです。

その瞬間に、私は人生を「働く」ことから「生きる」ことにシフトしました。

そして翌日から会社に行くことをやめ、6畳のアパートでアルバイトと読書の生活に入ったのでした。

■ 会社の近くの喫茶店で人間ウォッチング

そのような経験を持つ私からのアドバイスは、**会社を辞めたくなったら2〜3日仕事を休んで、会社の近くの喫茶店でゆっくりと人間観察をしてください**、ということです。昼ビールでも飲みながら、オフィス街を歩くビジネスパーソンを眺めてみるのです。

会社の近くで、というのが大事です。なぜなら、そこはあなたにとって戦いの場だからです。

自宅近くやリゾート地で寛いでいるときに、人生の大きな決断をするのは勧めません。

脳は安全・安心を確保するために機能していますから、ラクなことや楽しいことが大好きです。寛げる場所であれば、現実の辛さから解放されて、いまのリラックスした時間が、このまま未来まで続くかのような錯覚をしてしまい、判断を誤りかねません。**自宅近くやリゾート地などは、覚悟を決める場所として、相応しい環境とは言えません。**

戦いの場であるオフィス街には、あなたと同じ格好、同じ表情で忙しそうに歩く人がたくさんいるはずです。

そういう人をたくさん見てほしいのです。一日だけでなく、休暇のすべてを人間ウォッチングに使って、あなたの仲間を観察し続けてください。

名前を知らなくても、その人たちはあなたの仲間です。仲間ができると、人は安心し感情が変わり、感情が変わると考えかたも変わります。

まずは**会社のそばで人間観察をして、自分の感情の変化を確かめましょう。**

■ライフプランを自分にプレゼンテーション

また私は20年以上、リクルートという会社の仕事をしてきましたが、仕事でほとほと疲れたときは、タクシーをチャーターして、夜の首都高を走ってもらいました。ときには横浜や千葉まで遠出することもありましたが、一時間、二時間と走ってもらいながら、コンクリートの窓に映る人の姿を、ただ黙って眺めました。

コンクリートの窓からはさまざまな人の姿が見えました。深夜にもかかわらず、煌々と照らされる明かりの下で、たくさんの人が仕事をする姿。肌着一枚で寝転んでテレビを見ている人。遅い夕食を向かいあってとる男女の姿など、さまざまな人の姿が見え、それぞれの人生に思いを馳せながら、自分の悩みや問題を涙とともに身体の外に流すことで、生き続けるエネルギーを補給してきました。

そのような経験を持つ私からのアドバイスは、会社を辞めるか、続けるか、どちらにしても決断したあとは、**今後のライフプランを文字化して、自分にプレゼンテーション**しましょう、ということです。今後どのように生きていきたいのかを熟考し、書き起こすのです。

この作業をすることによって、ビジョンが明確になり、同時に覚悟も決まって、人生を仕切り直す勇気が出てきます。

くれぐれも「嫌だ、辞めたい」という一時の感情だけで決断しないように。感情で動くと判断を誤ります。

先人の言葉

月日が変われば気も変わる　——日本のことわざ

取引先の担当者を好きになれない……嫌だという感情を上書きしないワザ

■ 嫌だという感情が生む悪循環

取引先の担当者が好きになれないというのは、とても仕事がやりにくく悩ましいことだと思います。しかし原因の一端は、あなたが相手の嫌な面ばかりに注目し、記憶しているからでもあります。

いったん嫌だという感情が記憶されたら、その人に対する思考は自動化されてしまいます。そのため取引先の人を見ただけで不快感情が生まれ、感情的になってしまうという悪循環が作られ、悩みを深めてしまいます。

■ 特徴に注目すれば、不快感情は上書きされない

感情的なときこそ、合理的かつ論理的に考えて問題を解決しましょう。まずは

相手の特徴をリストアップしてみてください。見たままの特徴をなんでもいいので挙げていくのです。背が高い、態度が大きい、早口だ、など、どんなところでもかまいません。

脳には「注目したことを記憶する」という特徴がありますから、相手の特徴を書き出しているあいだは、自分の感情に注目しないで済みます。当然、あなたの「好きになれない。嫌だ」という記憶は上書きされません。

特徴をリストアップしたら、毎日それを読み上げましょう。

「担当者はルーズだ、担当者はミスが多い、担当者は口調がきつい……」

相手の特徴を読み上げることは、特徴に意識が向くということです。そのため、**相手の特徴だけが上書きされ、同時に相手に対する不快感は少なくなって、冷静に対応できるようになります。**対応策として、ぜひ試してみてください。

先人の言葉

忍の一字は衆妙《しゅうみょう》の門。

——日本のことわざ。「衆妙」の意は優れた道理

仕事で失敗してしまった……失敗を糧にする反省のコツ

失敗から学べる人になろう

失敗は、誰でもします。でも取り返しがつかないような失敗をしてしまったら、どうしましょうか。

「ああ、どうしよう！」と考えて、オロオロして自分を責めてしまうでしょうか。失敗が判明した直後はそれもありですね。

そもそも失敗とは、予測と結果の相違。期待した結果が出せなかっただけのことです。その原因は、目標が高すぎたのかもしれませんし、やりかたがまずかったのかもしれません。

落ち込んで自分を責め反省するのは、脳が感情のバランスを取ろうとして生じた結果ですので、いっときはそれでもかまいませんが、私自身はあまり意味がないと考えています。

人は反省するだけで気持ちがラクになるようにできていますので、ここはぜひ失敗から学び、失敗をチャンスに変えられる人になりましょう。

方法はそれほど難しくありません。キーワードは3つです。

- **なぜ失敗したのか**
- **どうすればうまくいったのか**
- **失敗から学んだことはなにか**

この3つに着目し、失敗した出来事について貪欲に考えるのです。

もちろん対外的な責任や手続きはあるでしょう。しかしご自身のなかでは「失敗はチャンス！」のノートを作って、失敗を人生の糧にしてほしいです。

挫折は成長の父、失敗は成功の母。2002年にノーベル賞を受賞した田中耕一さんは、授賞式のスピーチで「数々の失敗が受賞のきっかけになった」と披露しました。人生に失敗はつきものです。ぜひ失敗から学べる人になってください。

先人の言葉

われらは成功によってよりも、失敗によってこそ多くの知恵を学ぶ　——　スマイルズ

頑張っているのに評価されない……自己評価と他者評価の違いとは

■ 若い人や経験の浅い人ほど自己評価が高くなりがち

どんな人にも**「認められたい、評価されたい」という本能的な欲求**があります。頑張っているのに評価されないと感じると、モチベーションが下がり、やる気が失せてしまいます。**若い人や経験の浅い人ほど、自分を過大評価してしまう傾向**がありますから、なおのこと不満を募らせやすいかもしれません。

■ 全社員が納得できる評価は難しい

しかし**自己評価と会社からの評価とでは、自己評価のほうが高くなってしまうのは、ある意味で当然**なのですね。なぜなら**企業は結果で評価し、「頑張っている」という過程は評価の対象外**だからです。

加えて企業は絶対評価でありながら、相対評価の側面もあるなど評価基準が複雑です。その上、部署間のパワーバランスによっても評価が変わります。

全社員が納得できるような評価をすることは、かなり困難だろうと思います。

■客観的評価と自己評価のバランスを取ろう

自己評価と会社からの評価の落差が、あまりにも大きすぎると感じたときは、会社の評価を鵜呑みにして、「自分には能力がない」とか「仕事ができない」と悲観し、ネガティブになるのではなく、**成長のチャンス**に変えましょう。

原因がどこにあるのか、どこをどう正せば、評価がアップするのか考察することで、努力のポイントが見えてくるかもしれません。

会社にとって、あなたは商品。自分の商品価値を高める努力を惜しまなければ、いずれ社内外から好ましい評価を得られ、望む席に着くことができるはずです。

目先のことにとらわれず、評価のピンチを、成長のチャンスに変えましょう。

先人の言葉

平《びょう》常《じょう》心《しん》是《ぜ》道《どう》――禅の言葉。人生に近道なし、の意

コンプレックスに押しつぶされそう……自己否定を打ち消す学習で前向きに

■コンプレックスと無縁の人などいない

誰にでもコンプレックスはあり、自分だけが悩んでいるわけではない。頭ではわかっていても、どうしても自分の欠点やダメなところに目がいって、劣等感に苛まれてしまう……。

このようなことはほとんどの人が経験していて、むしろコンプレックスなどないという人を探すほうが難しいのではないでしょうか。

美人ではない、太っている、痩せすぎて貧相だ、足が太い、胴長であるなど、身体的特徴に対するコンプレックス。頭が悪い、仕事ができない、能力がない、才能がないなど、自分の価値観に基づくコンプレックス。高学歴でない、大企業に勤めているわけではないといった優劣に関するコンプレックス。

人はいろいろなところに注目して自分を否定し、コンプレックスの種にしてしまいます。

■コンプレックスは「向上心」の裏返し

しかしよく考えてみれば、**コンプレックスは向上心の裏返し**でもありますね。自分をいまよりもさらにいいように変えたい、もっと向上したい。その思いがあるからこそ、周囲と比較して、欠点や劣っているところに目をやって、努力しようとしているのです。

このように考えれば、コンプレックスを劣等感と捉えていたこれまでの概念が違ってくるのではないでしょうか。

■思考の幅や、心のひだの多さにも繋がる

そもそもコンプレックスを劣等感と訳すことにも問題があるのかもしれません。本来、コンプレックスは「複雑さ」という意味です。複雑さは、思考の幅の広さや、心のひだの多さにも繋がります。

そのように解釈すれば、なにもネガティブな意味だけではありません。むしろ**コンプレックスがあることは、心のひだの多さや思考の深さを示し、向上心の証拠でもある。**こんなふうにポジティブに捉えることもできます。

■コンプレックスをひとつひとつ解消する

では、あなたの向上心でもあるコンプレックスをどのように変えていくか。ふたつの方法をご紹介します。

ひとつは、**具体的なコンプレックスをひとつひとつ解消していくこと**です。学歴がコンプレックスなら、もう一度学校に戻って学び直しましょう。太っていることがコンプレックスなら、専門の病院に行ってダイエットをしましょう。あなたを変える方法は必ずあるはずです。

■自分を肯定し認めることを脳に学習させる

もうひとつの方法は、**メンタルを変えること**です。

自分を否定していては、具体的なコンプレックスが解消できても、決してハッピーにはなれません。自分を肯定すること、自分を認めてあげることを、脳に学習させましょう。

感情は脳内情報によって決まります。今日から脳内情報を変えましょう。

そのために使うツールは、**「でも、しかし」**というキーワードです。

「自分に自信がない。でも本を読むことは好きだ」

「自分のことがキライだ。でも、好きだと言ってくれる友だちもいる」

「自分は仕事が遅いし能力もない。しかし上司は、仕事が丁寧だと褒めてくれる」

このように自分の嫌いなところを挙げて、「でも、しかし」で打ち消すのです。

自分の嫌いなところを打ち消すだけで、あなたの脳は自己肯定的な言葉を記憶し、同時に「自分の良いところに注目する」という視点が作られます。

ぜひたくさんノートに書き出して、声に出して、毎日読み上げてください。2週間を過ぎた頃には気持ちが軽くなり、これまでと違うあなた自身に気付くはずです。

先人の言葉

人間を理解するには決して急がないことだ　――　サントブーブ

なんとなく浮いている……「同調ダンス」で周囲に溶け込もう

■ 浮いているときには「同調ダンス」が踊れていない

なんとなく社内で浮いているなぁと感じる。なんとなくその場の空気に馴染めていない自分に気付く。きっと多くの皆さんが経験していることだと思います。人が「なんとなく浮いている」と感じるとき。それは「同調ダンス」を踊れていないときです。

同調ダンスとは、相手やまわりの人と同じ態度や言葉、行動をして、周囲に同調していくことを言います。

つまり**同調ダンスが踊れていない状態とは、相手や周囲と異なる態度や言葉、行動を取っているために、ひとりだけまわりの人たちの群れに入れず、孤立している状態を指します。**

そのために「なんとなく浮いている」という意識が芽生え、まわりに同調できないでいる孤立感を認識してしまうのです。

同調ダンスで周囲に溶け込もう

もし職場で浮いていると感じたら、職場にはどのような人たちが多いのかを観察してみましょう。

たとえば大きな声で挨拶し、笑顔で言葉を交わす人が多いと感じたら、あなたも同じように、大きな声で挨拶し、笑顔で言葉を交わすようにするのです。

反対に、静かなオフィスでひそやかに話すような職場なのであれば、あなたも周囲に合わせて静かな振る舞いを心がけます。

もし飲み会で、仲間が拍手をし、誰かを称えはじめたら、あなたも同じように拍手をして仲間を称えるのです。まわりが笑ったらあなたも笑い、身体を動かしてリズムを取りはじめたら、あなたも身体を動かしてリズムを取るのです。

それだけで同調ダンスが踊れ、周囲との一体感が生まれます。

まわりのみんなが談笑しているときに、ひとりだけ背中を向けて、仕事に集中していたり、みんなでカラオケを楽しんでいるときに、ひとりだけテーブルを見つめて物思いに耽っていたりしたら、浮いていると感じて当然です。

周囲もあなたの態度にどう反応していいのかわからず混乱し、その混乱がますますまわりとの距離感になっていきます。

まずは同調ダンスを踊って、周囲に溶け込む努力をしましょう。

はじめてのことに抵抗感があるのは当然

さて、ここで問題になってくるのが、**同調ダンスを踊ることへの抵抗感**です。同調ダンスを踊るとき。

これまでに経験していないことをするのですから、「同調ダンスなんか踊りたくないのに、みんなに合わせて踊るのはヘンだ」「なんでこんなことをしなければいけないのだろう」などという、ネガティブな思考が生まれてしまいます。

しかし、**その思考は無視**してください。

その思考は、これまで体験してなかったことを実行しようとするときに生じる警戒心です。**警戒心は脳によるセキュリティの発動、自己防衛になっていると捉**

え、同調ダンスを続けてください。

続けることが脳にとっての学習です。

続けているうちに、やがて警戒心や抵抗感は薄れ、自然とどのような場面でも同調ダンスを踊れるようになります。

浮いている、どうしたら周囲に溶け込めるだろう。みんなにできていることができない、自分はなんてダメな人間なんだと悩む前に、何も考えずに身体を動かして同調ダンスを踊りましょう。

最初は抵抗があっても、みんなと同じ動作をしているうちに、まわりの人たちとのあいだに一体感が生まれてきます。

心身は一体ですから、みんなと同じ動作をしているうちに、必ず「楽しい」という感情が芽生えてきます。

先人の言葉

鳥は飛べると思うから飛ぶのだ　——　ウェルギリウス

上司に嫌われていると感じる……冷静な状況把握と分析の上で問題解決を

■ 本当に嫌われたのか？

上司に嫌われているかもしれないと感じたら、パニックに陥ってしまうと思います。

しかしまず本当に嫌われたのかどうかを考えてみましょう。叱られただけなのに嫌われたと勘違いしていることもありますし、言葉の解釈の違いで、そう思い込んでいる場合もあります。

まず冷静に分析した上で、もし本当に嫌われているようだと判断できたら、大きく深呼吸をして、腹を据え、しっかり問題解決に取り組みましょう。

問題解決には状況把握と分析が大切。まずこのふたつをやりましょう。

■嫌われていると感じた「根拠」を分析

ノートに**上司から嫌われていると感じた言動**を、すべて書き出してください。42ページで紹介した分析表を使って、上司からどのような言動を受けたのかをすべて書き出して**文字化**し、**視覚化**して、嫌われたと結論を下した理由や根拠を見極め、分析します。

■上司の「特徴」を列挙して分析

同時に、**上司の特徴**を書き出しましょう。

日頃から感情的であるとか、感情的だが情にもろい、同調する人には優しいとか、上司の性格や言動の特徴を、すべて書き出すのです。

さらに、**上司の言動は自分に対してだけなのか、他の人にも同じような言動を取っているのか**など、上司の対外的な言動の特徴も書き出してください。

そして、もし**ほかにも自分と同じ言動を取られている人がいたら、その人たちに共通している特徴もピックアップ**します。さらに、その共通項である特徴が、自分にもあるかどうかをチェックしてください。

そうすることで、**上司が嫌う人間の傾向**が把握できます。

これらの作業を終えたあとに、理由や根拠の判断が信頼できるかどうかを数値で表し、自分の判断が妥当かどうかを○×△で記入すると、ほぼ正解に近い状況把握と分析ができます。

もし嫌われているのが本当であれば、さらに上の上司に相談したり、信頼を取り戻す態度や仕事ぶりを発揮したりして評価を変える努力を重ねればいいのです。

■ 実は、上司も部下の評価に怯えている

あなたが上司の評価を気にしているように、実は上司も部下の評価を気にしています。

とくに大声で部下を罵倒し泣かせてしまった日などは、表情にこそ出しませんが、内心では「言いすぎたのではないか、辞めると騒がれたらどうしよう、パワハラで訴えられないか」と戦々恐々とし怯えているはずです。

つまり、**お互いさま**なのです。

■上司を理由に会社を辞めたいときには

嫌われたからといって殺されるわけでもあるまいし、怯える必要などまったくありません。会社が人生のすべてではありませんし、胸を張って、相手に命である心臓を見せ、堂々としていましょう。

ケンカを売る必要はありませんが、怯える必要もなく、できる努力を全力でやればいいのです。

「嫌われた」という感情に執着して頑なになるのではなく、いい意味でも悪い意味でも、**「相手から学ぶ」という姿勢を持って柔軟に接すれば、人生のピンチは必ずチャンスに変わります。**

それでも会社を辞めたいという気持ちが強いときは、**退職したい理由を「上司」から「会社」にシフト**しましょう。会社を基準にして考えれば、捨てるには惜しい会社か否かが判断基準になり、気持ちが変わってきます。

先人の言葉●**木強ければ即ち折る、革固ければ即ち裂く**　——　中国の思想書『淮南子《えなんじ》』より

自意識が過剰だ……
自信が持てない人が陥りがちな自意識の罠

■ 自分を守るための自意識だが……

人間関係がうまくいかなくなったり、コミュニケーションに自信が持てなかったりすると、自分の感情や行動に注目することが多くなります。

自意識は、自信のなさや不安感から自分を守ろうとするときに芽生える、本能的なもの。

失敗をしたときや、恥をかいたときなどには、誰でも意識が自分に向き、敏感に反応してしまうのはごく自然なことです。

しかし意識が常に自分に向き、自分を監視してしまうことが常態化してしまうと、自由に行動することができず苦しくなってしまいます。

「他人に映る自分」と「自分を監視する自分」

自意識過剰な人には、大きくわけると①**他人にどう見えるか、どう思われるかが気になるタイプ**と、②**自分の感情や行動に敏感になるタイプ**のふたつがあります。

前者は、服装や髪型など、自分の見た目により気を使うことが多くなります。

いっぽう、後者は、極端な場合には、食事中に箸を落としたぐらいの失敗にも敏感に反応して、クヨクヨと考え、ネガティブになってしまいます。

どちらの意識も、自分に向く意識と、自分以外の人に向く意識のバランスが取れていることが大事なのですが、このバランスが大きく崩れるとさまざまな問題が生じてしまいます。

自分に原因があると責めてしまう

特に後者の自分の感情や行動に敏感なタイプは、自分を基準に判断してしまうことが多くなるため、ネガティブな出来事に対し、「私に原因があるから」「私のせいで、こうなってしまった」など、自分に原因を置く傾向が強くなります。

このようなタイプの人は、責任感が強くて真面目、努力家で向上心が強いので、まわりの人からの信頼は厚く人望もあります。

しかし心のなかは案外不安感が強く心配性で、まわりから思われるイメージと内面のバランスがよいとは言えないために、小さなことでクヨクヨと悩むことも多くあります。

■ 失敗やマイナスなことだけを記憶している

実は**自意識が敏感な人ほど、失敗したことや、マイナスなことばかりに注目し**ています。

仮になにか嬉しいことがあったとしても、「よかった〜！　すごい！」と大喜びすることは少なく、「あそこがうまくいったら、さらによかったのに」とダメ出しをして反省し、向上しようとします。

しかし**脳には、「注目したことを記憶する」という特徴がありますから、ダメなところに注目して反省するということは、ダメなところを記憶しているということでもある**のですね。

■「よいところ」に注目する学習で悪循環を断ち切る

反省して自分を責めるのではなく、**よかったところに注目する習慣**を作ってほしいのです。

そのために、まず自分のよいところを50個書き出してください。

人に親切だ、食後には必ず歯を磨く、など、日常生活で行っている小さなことでかまいません。

最初はすぐに見つけることができないかもしれませんが、最初のひとつが見つかれば、次々によいところが見つかるようになります。

大事なのは探し続けること。これをすることによって、「よいところに注目する」という学習をすることができます。

50個を書き出したあとは、毎日声に出して読み上げましょう。よいところに注目することが習慣化され、自意識で悩むことが少なくなります。

先人の言葉

すぐれた能力も機会をなくしては取るに足らない　――ナポレオン

ライバル意識が強すぎる自分がしんどい……会社員の鉄則とは

競争と嫉妬を強いられながら共存しなければならない

会社というものは、つくづく不思議な存在であると考えます。

社員同士は、仲間であると同時に、ライバルでもあり、仲良くしながら、競争し合う関係を強いられ、切磋琢磨し合いながら、成長を目標に掲げます。

仲間が大きな契約を取ったと聞けば、皆でそのことを称え合ういっぽう、それぞれの心に芽生えた「悔しい」という嫉妬心をバネに発奮します。

そしてさらに仕事に情熱を注いで、成績を上げ、「企業」という組織を向上させていきます。

このような図式を俯瞰してみると、**組織で働く人のメンタルは、常に「競争」と「嫉妬」といううきわどい綱渡りを強いられている**ようにも思えてきます。

■ライバルでありながら、仲良くなれる秘訣

このような環境で、ときにライバル意識が強くなってしまうのはしかたがないことですね。しかし仕事はひとりではできませんから、上司や同僚との円滑なコミュニケーションを大事にできる、バランスのよさも保ってほしいとも思います。

そのような背景を前提に、強すぎるライバル意識をどのようにコントロールしていくか。お勧めしたいのは、次のふたつの方法です。

ひとつめは **「勝ち負けを意識しない」** ということ、ふたつめは **「相手やまわりを否定しない」** ということです。

これらを実行することで、仲間意識とライバル意識のバランスが取れ、嫉妬心をポジティブなエネルギーに変えることができます。

■勝ち負けを意識しない

あなたが「絶対に負けたくない」と思えば思うほど、実は「負けるかもしれない」という不安感情も強くなります。

なぜか。

脳には、命の安全と安心を守るという役割がありますが、そのために**①命を脅かす存在やネガティブな問題点に注目する［セキュリティ機能］**と、**②それらの問題を解決に導く［問題解決機能］**というふたつの機能を備えています。

このふたつの機能で〝リスク・危険〟と〝安全・安心〟のバランスを取っているのです。

そのため、「勝ちたい」という〝安全・安心の欲求〟が強くなればなるほど、脳がバランスを取ろうとして、「大丈夫だろうか？」という〝セキュリティ〟も強くなってしまうのです。

ライバル意識が強すぎて、不安感が強まっているときは、自問しましょう。

なぜ、そんなに勝ちたいのだろう。出世することで得るもの、失うものについて考えてみてもいいですね。

自問したり考えたりすることで「勝ちたい」ということに集中していた意識がほかに向き、感情のコントロールがしやすくなります。

■相手を否定しないこと

そもそも**ライバル意識は、自分より上の人には、あまり向かない**ものです。自分より上の人を意識するときは、その人を〝目標〟にします。

ライバル意識は、自分と同等か、自分より下と思っている人に向きます。そのときに陥りがちなのが、**相手を否定して、上にいこうとしてしまう**ことです。

仕事はひとりでするわけではありませんから、ライバル意識が強すぎて、まわりの人たちを否定していたら、良好な人間関係が構築できなくなってしまいます。相手を否定して職場で孤立してしまい、仕事もうまくいかなくなっては、元も子もありません。

ライバル意識が強すぎると感じたときは、「勝ちたい」という言葉を「勝てたら嬉しい」などの柔らかい表現に変え、自問しながら感情をコントロールしましょう。そして、いつも以上に職場の人たちとの交流を深めるよう努力しましょう。

先人の言葉● **苦労人というのは、ややこしい苦境を優雅に切り抜ける人のことである**　――サマーセット・モーム（小説家）

自分のことが嫌い……執着心とルールを手放すと、人生は好転する

■嫌、嫌、嫌……自己嫌悪の塊になる人たち

人はいろんなときに、自分のことが嫌いになります。

人とうまくコミュニケーションが取れない自分が嫌いだし、自信がない自分も嫌い。仕事が思うようにいかないときには、実力のない自分が惨めで、心底嫌になってしまいます。

■執着心が自分を嫌いにさせている

人はなぜ自分のことを嫌いになってしまうのでしょうか。

心理学的な答えは、**自分で自分の［自尊心］を傷付け、自分を否定してしまい、［自己肯定感］が持てなくなるから、**ということになります。

しかし、それは「結果」です。

結果を変えるには、結果を招いた「過程」に注目する必要があります。

過程を見れば、なぜ自分のネガティブなことに注目し、そこに執着してしまうのか、という原因を見つけることができます。

できたことに注目する習慣を

人とのコミュニケーションがうまくいかないという人のほとんどは、他人とのコミュニケーションが苦手でも、家族とは普通に話すことができているのではないでしょうか。

しかし自己肯定ができない人は、〝家族とのコミュニケーションはできている〟という、できているところは捨て、〝他人とうまくコミュニケーションが取れない〟というダメなところだけに注目し、そこに執着して、自分にダメ出しをしてしまいます。

仕事が思うようにいかないときも同じですね。

たまたま今回はうまくいかなかったけれども、うまくいった仕事もたくさんあったはず。しかしうまくいったことはすっかり置き去りにして、たった一回のうまくいかなかったことに執着して、自分を嫌いになってしまうのです。

■ 自分が嫌いな人ほど、独自のルールが多い

自分が嫌いという人ほど、「○○であるべき」や「○○でなければダメだ」というルールを持っています。

「仕事はちゃんとやるべき」
「人に嫌な思いをさせてはいけない」
「相手の気持ちを優先しなければ」

などのルールがあるために、ルールと異なる結果が起きると、そこに執着して、**できない自分にダメ出し**をしてしまうのです。

■ 「○○できないときもある」で気持ちがラクになる

「人間だもの、ちゃんとできないときもある」
「たまには人を嫌な思いにさせてしまうこともあるさ」

「相手の気持ちを優先できないときがあっても、しかたがない」と緩やかに考えることができるといいのですが、それが難しいのですね。ルールで自分を縛るのではなく、**「自分を許す」**ことを覚えましょう。そうすれば気持ちがラクになります。

自分を許したからといって、人としてダメになるわけではありませんよ。

他人と過去は変えられないが、未来と自分は変えられる

他人と過去は変えられませんが、未来と自分を変えることは可能です。

どのようにして変えていくのか。**新しい考えかたの「学習」をすること**です。

たとえば、「うまくやるべき」というルールが浮かぶたびに、「うまくいかないこともあるさ」とルールを打ち消して、新しい考えかたを記憶していくのです。これを何度か繰り返すことで気持ちがラクになります。気持ちがラクになると、ダメなところに執着することもなくなりますので、ぜひ試してみてください。

先人の言葉

自分の生きる人生を愛せ。自分の愛する人生を生きよ　――　ボブ・マーリー（レゲエ・ミュージシャン）

上司に叱られてから立ち直れない……意識を転換させて、ピンチをチャンスに！

立ち直る方法と、上司との関係の両面から考える

上司に叱られるのは、昔の会社員なら当たり前でした。いまの40代後半以上の人のほとんどは、叱られて育ってきた世代と言えます。しかし20代や30代世代は、叱られることのほうが少ないかもしれません。そのため、たった一度の叱責で心が折れ、なかなか立ち直れない、という人も多いかと思います。

叱られたという事実は変えられませんから、**①どうやって立ち直るか②今後、上司との関係をどうしていくか**、ふたつの方向から考えてみましょう。

普段の3倍忙しくして、考える時間をもたない

まず立ち直るために何をするか。もし私がこのような状況に陥ったならば、普

段の3倍、忙しく動きまわります。仕事とプライベートのアポイントをたくさん入れ、毎日のように人に会い、考え込む時間を少なくします。

また普段以上に姿勢をよくし、歩くときもテキパキと力強く歩いて、意識して筋肉を使いまくります。たくさん筋肉を使って、身体を活性化し、身体から元気になるように仕向けるためです。

心身は一体です。筋肉をたくさん使うことで、体内にエネルギーを蓄え、身体を元気にして、気持ちも元気になるように努力をします。

■ 叱られた不愉快さは、ひとまず受け止める

次は上司との関係をどうするかですが、叱責を受けることは、誰にとっても不愉快なことです。しかし、「不愉快」というのは、自分の感情でしたね。その感情に負けて落ち込んでいても、何も問題は解決しません。

ですので、自分の感情は「私は、不愉快だと思っている」と言葉にして、**ひとまず受け止めましょう。**

叱られたことだけに注目していると、どうしても自分を責めて落ち込みます。

そのために、「私は叱られて悲しい」とか「叱られて不愉快だ」とか、**そのときの自分の感情を具体的な言葉にして表現**しましょう。

そうすることで、「叱られた」という出来事に注目する意識を「自分の感情」に向けることができ、ほんの少し気持ちがラクになります。

そうやって視点と感情を変えながら、これからの上司との関係をどうするかを考えましょう。

もし自分にとって学ぶべきところが多い上司なら、叱られたことをきっかけに懐に飛び込む努力を精一杯してください。

そうでない上司なら、部下としてやるべきことをして、淡々と接しましょう。

いまの時代、叱るというのは、上司にとっても勇気のいること。**自分の感情に注目して落ち込んでいるだけでなく、ぜひ自分のことも相手のことも多角的に見て、**問題解決に取り組んでください。

■「もし〇〇さんだったら」と暗示的に考えてみる

また「**もし〇〇さんだったら、どうするだろうか」と、自分以外の誰かを想定**

して、暗示的に考えてみる方法もお勧めです。

「もし○○さんだったら、こういうときどうするだろうか」

「もし○○さんだったら、どう失敗を解決するだろうか」

「もし○○さんだったら、上司とどう向き合い、付き合っていくだろうか」

この○○さんに入るのは、あなたの身近な人や尊敬する人、映画やマンガの主人公でも、歴史上の人物でもかまいません。

「もし父だったら」「徳川家康だったら」と考えてみるのです。

暗示的に考えることで、失敗や叱られたことばかりに向いていた意識が切り替わり、少しずつ未来に目を向けることができたり、問題解決に向けた考えかたができるようになったりします。

誰にも困難はあります。問題解決の方法が見つからないときは、ぜひ暗示的な思考法を取り入れてみてください。

先人の言葉

大疑《たいぎ》は大悟《たいご》の基《もと》——日本のことわざ。大いに疑問をもつことは、のちに大きな悟りを開くもとになる、の意

名刺交換のあと、何を話せばいいのか言葉が出てこない……

■「何を話そうか」と考えてはダメ

名刺を交換したあとに、何を話せばいいのか。この問題には、社会人になって間もない人だけでなく、経験豊富な30代、40代でも多くの人が悩まされますね。まず決してやってはいけないことを、ひとつお伝えします。

「何を話そうか」と考えてはいけません。

「何を話そうか」という言葉で考えると、意識が自動的に自分に向いてしまいます。

意識が自分に向くと、かえって言葉が見つかりません。その結果、多くの人が、自分のことを話そうとしてしまうのですが、名刺交換したばかりの人に自分のことを話すのは好ましくありません。

■まずは「感謝の言葉」を伝えよう

名刺交換のあとのピンチは、まず感謝の言葉を伝えることで乗り切りましょう。「本日は、貴重なお時間をいただきまして、ありがとうございます」と伝えるだけで、次の言葉への繋ぎができます。

もし、緊張して長い言葉が言えなければ、「本日はありがとうございます」の一言だけでもかまいません。

感謝の言葉を伝えたら、深呼吸をして気持ちを落ち着け、相手からの言葉を待ちましょう。

緊張していると、この待っている時間が長く感じられて、つい焦って何か話さなければと考えてしまいます。

そのようなときは、**心のなかで「1、2、3……」とゆっくり3つ数えましょう。**数を数えることで、意識が数へと向きますので、焦って興奮状態にある脳を落ち着かせることができます。

相手が話題を提供してくれたら、そのペースに合わせる

感謝の言葉を述べたあと、相手が話題を提供してくれたら、そのまま相手のペースに合わせて話を進めます。

もし、相手からの反応が何もないようなら、「早速ですが」の一言を添えて、そのまま本題に入ってもよいかもしれません。

しかしなんとなく互いに緊張していて、もう少し雑談をして、互いの気持ちが和んでから本題に入ったほうがよいと判断したならば、**雑談のネタはあなたが提供しましょう。**

目に映ったもの、耳で聞いたものを、そのまま言葉に

ポイントは、いま目や耳で捉えたことを言葉にすること。

オフィスの広さや壁の絵、建物、建物のまわりのことなど、あなたの目や耳で見たことを、そのまま言葉にするのです。

いまあなたが見ているものは、相手も見ることができますから、それが二人の

〝共通の話題〟となります。

もしオフィスのなかにあるものに目が向いたならば、「きれいなオフィスですね」「ステキな絵画ですね」など、素直な感想を言葉にするのです。

最寄り駅からの距離や、オフィス周辺の環境も、共通の話題としては適切です。

「駅から近くて、便利なところにあるのですね」

「閑静な環境にあるのですね」

「自然豊かな環境で、癒されます」

など、どのようなことでもかまいません。

何を話そうかと構えてしまうと、言葉が見つかりません。

初対面の相手とは、いま目にしたこと耳にしたことを共通の話題にして、親交を深めましょう。

先人の言葉

垣根は相手が作っているのではなく、自分が作っている　――　アリストテレス

会話のキャッチボールができない……いますぐ質問上手になれるポイント

■自信のなさで信頼が得られないことも

人間関係に自信がなくなると、なるべく目立たないようにしようとか、自分を出さないようにしようとかいう意識が強くなります。会話のキャッチボールが苦手になってしまうのは、そのためです。

しかし自分を出さなければ、相手には、あなたの考えや気持ちは伝わりません。相手は「この人の本音が見えない」と考えて、あなたに対して警戒心や猜疑心を抱いてしまいます。その結果、信頼関係が築けないのは、大きな損失ですね。

■他人が怖いのはなぜ？

なぜ会話のキャッチボールができないか。

理由として挙げられるのは、**自分を守ろうとする意識が強い**こと。また**相手はあなたにとって「見知らぬ人」だから**です。

このように言うと、「同じ会社で働いている人ならば、顔も名前も知っている」という反論の言葉が聞こえてきそうですね。しかし、顔や名前のほかに、相手のどのようなことを知っているでしょうか。その人が、日頃どのようなことを考え、どういう夢を持ち、どんな生活をしているのか。少しでも知っているでしょうか。それらをまったく知らずに名前や顔だけを知っていても、あなたにとって、その人は知らない人、遠い存在です。

相手の情報が何もないのですから、会話が弾まなくて当然です。「何を話せばいいのだろう」「ヘンなことを言って、悪い印象を持たれたら困る」と自分を守る言葉が次々と浮かんで、会話どころではありません。

■〝質問力〟を鍛え、相手を知る努力をしよう

言葉のキャッチボールをするために、まずは**相手を知る努力**をしましょう。そのために必要なスキルは〝**質問力**〟です。

質問上手になるポイントは、**相手が答えやすい質問をする**こと。

いきなり「いまの政治について、○○さんはどう思いますか」と質問されても、相手は返事に困るだけです。

相手が気軽に答えられる質問をすることで、話しやすい環境が提供でき、会話を深めていくことが可能になります。

■具体的事実を聞く、断定的な質問はしない

このときに気をつけたいポイントは、①**具体的な事実を聞くこと**、②**断定的な質問はしない**、のふたつです。

具体的な事実での質問なら、相手の言葉を引き出せ、そこから会話を育むことができます。

A「スポーツは何かしますか?」

B「最近、ゴルフを始めました」

A「ゴルフですか。素敵ですね。始めてどれぐらいですか?」

B「約半年です」
A「じゃあ、今度ゴルフにお誘いしてもいいですか？」

このように、言葉のキャッチボールが楽しめます。
しかし**断定的な質問は、答えがイエスかノーの一言で終わる**ため、会話もそこで終わってしまいます。

×「スポーツはしますか」→「はい」

これでは、言葉のキャッチボールができないのも当然ですね。
会話を育むポイントは「何を、どこで、誰と」などの疑問詞を入れながら、具体的な事実で質問していくことです。
質問力が鍛えられると、会話がスムーズに進み、キャッチボールを楽しめます。

先人の言葉

何も質問しない人は、何でも知っているか、何も知らないかのどちらかだ
――マルコム・フォーブス（『フォーブス』誌・発行者）

自分も相手も無口で会話が続かない……沈黙を打破する万能テクニック

■お互いに苦痛な時間をどう進展させるか

無口な人同士での会話は、お互いに苦痛でたまりませんね。どう進展させたらいいでしょうか。

まずは当たり障りのないお天気の話から入りましょう。

あなた「あいにくの雨ですね」
相　手「そうですね」
あなた「……」
相　手「……」

早くも会話が途切れてしまいました。どう話を進めていったらよいでしょう。

無口な相手には、二者択一を迫って話を前に進める

答えは、そのまま「雨」の話を続ける、です。雨の話を進めながら、相手に**二者択一を迫る質問**をするのです。**会話は質問から**です。

まずは「好きか嫌いか」を聞いてみるといいでしょう。相手の返事は「好き」「嫌い」、二者択一になります（「どちらでもない」を含めると3つ）から、相手がどちらかを答えてくれたら、さらにその理由を聞いて、相手を中心に話を広げていきます。

あなた「雨はお好きですか？」

相　手「はい、比較的好きですね」

あなた「そうですか。何か理由があるのですか？」

相　手「実は、昔……」

自分の話を中心に進めても大丈夫な場合も

二者択一を迫った結果、もし「どちらでもない」という返事だったら、あなたが話を引き取って、あなたを中心に話を進めてかまいません。

あなた「雨はお好きですか？」
相　手「どちらでもないですね」
あなた「そうですか、私はけっこう、雨の日が好きなんですよ」
相　手「そうですか」
あなた「実は、昔、雨の日に、こんな思い出深いことがありまして……」

自分の思い出話を少ししたあとに、自分が話した「思い出話」をキーワードに相手に質問をし、相手を中心に据えた話に切り替えます。

■「ところで」は話を繋ぐ万能ワード

切り替えるときのポイントは、「ところで」の一言です。

あなた「ところで、○○さんには、何か雨にまつわる思い出はありますか？」

質問されると答えようとするのが人の本能。

ここから先も、相手の話に頷いたり質問をしたりしながら、話を前に進めていきましょう。

なおそれほど親しくはないため、いきなり本題に入るのは相手に失礼、というときなどにも「ところで」は有効で、すんなり本題に入ることができます。

あなた「ご無沙汰しております、このたびは、ありがとうございます」

相　手「こちらこそ、お時間をいただきまして、ありがとうございます」

あなた「ところで、先日お話した件ですが……」

というように、「ところで」を添えるだけで、すんなり本題に入ることができます。

会話の主役は常に相手です。お互いに無口な同士でも、**「二者択一を迫る」「理由を聞く」「話を切り替える」**などのポイントを意識するだけで、自然に会話を前に進めることができます。

ぜひ無言の時間を恐れず、落ち着いて、相手を中心に据えた会話を育んでください。

先人の言葉

あなたの話し相手は、あなたのことに対して持つ興味の100倍もの興味を、自分自身のことに対して持っているのである

——デール・カーネギー（米国の実業家）

嫌なことが頭から離れない……
「考えない」という〝新しい考え〟を学習

■「思い出す」たびに、記憶が上書きされている

人間関係でつまずいたり、嫌なヒトと遭遇してしまったりしたときは、どうしてもそのことが頭から離れず、クヨクヨと考え込んでしまいます。

しかし起きてしまったことは変えられませんし、鬱々と落ち込み考え込んでいても、問題は解決できません。

なぜ嫌なことが頭から離れてくれないのかというと、何度も「思い出す」からです。

第1章で、人はすべてを［学習］によって、記憶のボックスにインプットすると述べましたが、実は**「思い出す」ことや「考える」ことも、脳にとっては学習**なのです。

つまり**嫌なことを思い出すたびに、嫌なことの記憶が上書きされているの**です。
嫌なことが頭から離れない背景には、そのような理由があるのですね。

■「考えない」という〝新しい考え〟を学習する

嫌なことを忘れ、考えすぎで悩まないようにするには、「思い出さない」こと、「考えない」ことがいちばんです。

しかし考えることは「生きる」ことと一緒。人は生きている限り、何かを考えてしまう動物でもありますから、「考えない」ことを習慣にするのは、とても難しいです。

では、どうやって考えすぎを解決するのか。

人はすべてを学習によって身につけますから、**「考えない」という〝新しい考え〟を学習すればよい**のです。

思い出すたびに、頭を軽く振って、嫌なことのイメージを消し、「このことは考えない」としっかりと言葉にして、脳に学習させるのです。

「考えない」ということを脳がしっかりと記憶してくれるまで、何度も「このことは考えない」と言い聞かせ、記憶のボックスにインプットするのです。

「考えてもしかたがない」ことを明確にする

このほかの方法としては、「考えてもしかたがない」ことを明確に、対処するという方法です。

たとえば、マナーが悪い人やモラルがない人はどこにでもいますし、何かしてあげたときや親切にしたときに、感謝の一言が言えない人もたくさんいます。

そのような人にイライラしてもしかたがありませんし、そのような人のために不愉快な気持ちで生活しなければならないとしたら、時間の無駄ですね。

不愉快なことが浮かぶたびに、何度も「小さなことは気にしない！　考えない！」と言葉にして、しっかりと脳に学習させましょう。

〝相手の問題〟は相手に任せる

また「こんなことを言ったら、悪く思われるのではないだろうか」「嫌われてしまうかもしれない」など、他人の思惑を気にしてクヨクヨと考えすぎてしまうこと。これも考えてもしかたがないことですね。

相手に対する悪意や、無神経な言動で、人を傷付けるのはよくありません。

しかし**あなたがしたことを、相手がどう判断するかは〝相手の問題〟**です。

他人を思いやることはいいことですが、「傷付けてしまったかもしれない」とか「怒っているのではないだろうか」とか、起きてしまった過去の出来事を考えすぎて自分が苦しむのは、どうでしょうか。

この場合も「相手の問題は、相手に任せよう！　これ以上、考えない！」と言葉にして、「考えない」ことをしっかりと記憶のボックスにインプットし、考えすぎない脳を作る努力をしましょう。

脳にどのような言葉を伝えるかによって、脳内情報が大きく変わります。

ぜひポジティブな言葉を多く伝え、ポジティブな脳内情報になるような〝脳育〟をしてください。

先人の言葉

考えすぎたことはすべて問題になる　――ニーチェ

colum

LINEやSNSなど、インターネット上でdisられてしまったら

「disる」とは「軽蔑や馬鹿にする」の意味。もしインターネット上でdisられてしまったときは、徹底的に無視しましょう。

アメリカの心理学者ロバート・ザイアンスは、人は知らない人に対しては、攻撃的で批判的になることを明らかにしましたが、匿名性の高い世界だからこそのトラブルと受け止め、気に留めないことです。

ただし、あまりに酷い誹謗中傷に対しては、WEBサイトの管理者や当事者に削除のお願いをし、改善されない場合は法的措置の警告をしましょう。

警告後も誹謗中傷や掲載が続くようであれば、法的措置もやむを得ません。そのために誹謗中傷に気付いた瞬間から、証拠となるデータなどは保存しておくとよいでしょう。

第３章

もっと近付きたい！を実現する距離の縮めかた

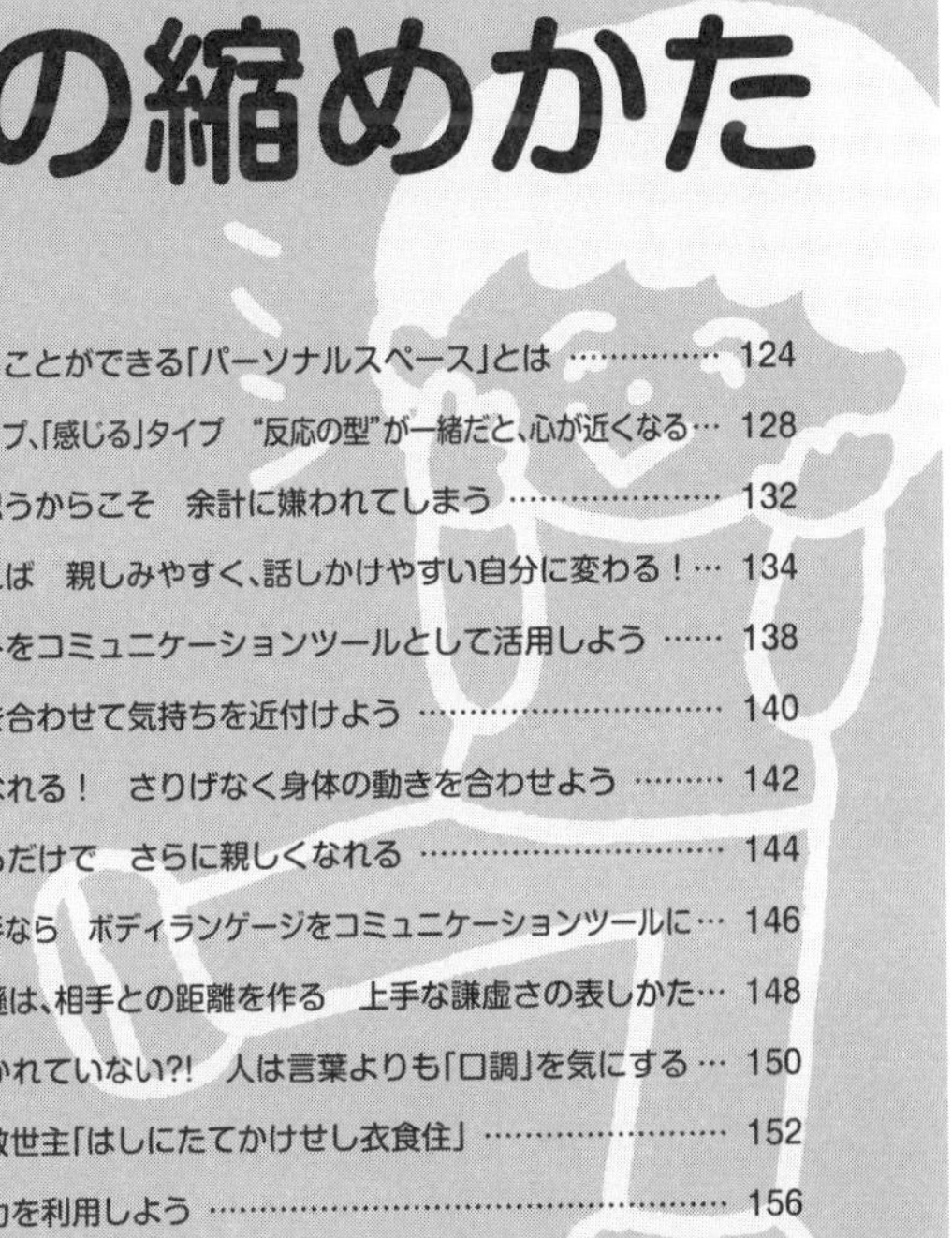

意中の人の本音を知ることができる「パーソナルスペース」とは

■相手の心が見える「パーソナルスペース」

もっと親しくなりたいけれど、あの人は自分のことをどう思っているのだろうか。直接は聞くのは難しい。どうすれば本音を知ることができるだろう。

気になる人がいるときなどは、誰しも思うことですね。そんなときは相手の「パーソナルスペース」に注目してみると、思わぬ本音を知ることができます。

パーソナルスペースとは、心理的ななわばりを表す距離のこと。**心の距離は物理的な距離に表れる**のです。

■心の距離は物理的距離に表れる

アメリカの文化人類学者のエドワード・ホールは、相手との関係で左右される

家族や恋人との密接な関係だけに許される「密接距離」	0～45cm
友人や知人など通常の個人的交流で用いられる「個体距離」	45～120cm
商談や交渉など社会的役割からくる「社会距離」	120～360cm
講演など多人数への働きかけからくる「公衆距離」	360cm～

物理的距離を、表の4つに分類しました。

私たちに身近なものは**「密接距離」「個体距離」「社会距離」**の3つです。

知り合い程度の人が、家族や恋人にのみに許される45cm以内に近付こうとすると、不快感や警戒心が沸き、それが何度も続くと嫌いになってしまいます。

しかし逆の見かたをすれば、**この距離まで近付くことを受け入れられた人は、かなり心を許している存在である**と判断できます。

もし意中の人の気持ちを確かめたいときには、様子を見ながら少しずつ密接距離まで近付いて試してみてもよいかもしれません。

密接距離まで近付いても、相手が立ち位置や表情を変えなかったら、相手もあなたに親近感をもっていると判断してもいいかもしれません。

しかし、あなたが近付いた途端に後退して距離を取ったり、笑顔が消え、憮然とした表情をしたりしたら、あなたに対して特別な感情はないと判断できます。

また初対面の人や、あまり親しくない人と話すときには、手を伸ばしたときに、相手と手が触れるか触れないかにすると、ちょうどいい距離を取ることができます。

心は無意識な身体動作にも出てしまう

また相手の身体動作からも気持ちを知ることができます。

たとえば、上司や取引先の人があなたに話しかけるとき、**身を乗り出すようにしていたら、あなたをかなり気に入っている証拠**。このような相手には、こちらも親近感を持って接すると、よりいっそう気持ちが近付きます。

反対に、**背中を椅子にぴったりとつけて身体をそらしていたら、「キミのことは気に入っていない」という無言のメッセージ**。もっと親しくなれる努力をしたほうがよいかもしれません。

なお相手を観察するだけでなく、日頃、自分がどのような態度や距離で人と接しているか、自分自身を一度チェックしてみるとよいですね。自分が無意識にまわりへ向けて発していることがメッセージに気付くことができます。

本音は手や足でわかる

商談や打ち合わせで、担当者が**何度も足を組み変えていたら、「そろそろ終わりにしてほしい」というサイン**。早々に切り上げたほうがよいかもしれません。

またあごを撫でるのは考え事をしているときに出る無意識のしぐさ。指先でペンをクルクルまわす、ボールペンをカチカチ鳴らすのも同じ意味を持ちますので（たまに遊んでいる人もいますが）、邪魔をしないほうが賢明です。

このほか爪やペンを噛むという行為は、イライラしているときに出やすいですし、拳を握っているときは「いつでも戦闘モードに入ることができる」というサイン。強烈に我慢しているときも、つい拳を握りますが本音は一緒です。

距離や動作からわかる相手の本音に注目して、良好な関係を深めましょう。

先人の言葉

すべての人間は、生まれつき、知ることを欲する　――　アリストテレス

「見る」タイプ、「聞く」タイプ、「感じる」タイプ“反応の型”が一緒だと、心が近くなる

■ 3つの“反応の型”を知って言葉を合わせる

初対面なのに、なんとなく気が合いそうと感じさせる人がいるいっぽうで、まったく合わないなと感じさせてしまう人もいます。まだ相手のこともよく知らないのに、なぜそのような感覚を持ってしまうのでしょうか。不思議ですね。

理由は、もしかしたら“**反応の型**”にあるのかもしれません。

人の反応には**［視覚型］［聴覚型］［体感覚／触覚型］**の3つがあり、それぞれの型によって使う言葉に違いが出ます。

［視覚型］のタイプは、「形がきれいだ」「色がきれいだ」など、目で捉えた言葉を多く使います。

［聴覚型］のタイプは、「静かな空間だ」「鳥の声が聞こえる」など、耳で捉え

た言葉を多く使います。

「体感覚／触覚型」のタイプは、物事の全体を捉える傾向が強く、「居心地のいい店だ」「○○だと思う」など、全体を総称する言葉を多く使うのが特徴です。

■会話のなかから型を見つけよう

グループで雑談しているときなど、反応の型は、次のように言葉の違いとして表れやすいです。

Ａ「このあいだの旅行、楽しかったね」

Ｂ「久しぶりにストレスを発散して、心身ともにリフレッシュできたよね。またみんなで行きたいね」

Ｃ「絶対にまた行こう」

Ｂ「うん、行こうね。ところで、あなたはどこがいちばん印象に残っている？」

Ａ「私はホテルから見えた海が忘れられない。いまも目の奥に、あの紺碧の色と景色が残っているもの」

C「海の色、キレイだったね。さすが沖縄！　と思ったよ。でも私はホテルがよかったな。雰囲気が気に入ったし、海が見えるバスルームなんて最高だった」

B「いま思い出してもため息が出る。私は、なんといっても夜中に聴いた波の音かな。地球が命を刻んでいるようなリズムは感動的だった」

さて皆さんは、この会話から、それぞれの反応の型を見つけることができたでしょうか。正解は、次のとおりです。

A：目の奥に海の色と景色が残っていると言っていますから、「視覚型」です。
B：夜中に聴いた波の音を感動的だったと言っていますので、「聴覚型」です。
C：ホテルの内装や全体の雰囲気を優先して記憶していますので、「体感覚／触覚型」です。

■相手の反応の型を知って言葉を合わせていく

反応の型はいつも同じで、きっちりわかれている、というわけではありません。

視覚優先タイプでも、野鳥の観察で鳥の鳴き声に注意を向けているときなどは、聴覚を優先します。

どのタイプも、時と場合によって優先順位が変わります。

相手のタイプを知るだけで、

「相手は視覚型で、私は聴覚型だから、このままではさらに親しくなるのは難しいかもしれない。今日は目で捉えた言葉をつかって、相手に合わせよう」

などと考えを切り替えることができ、言葉をコントロールしながら関係を深めていくことが可能になります。

仲のいい人ほど言葉や態度が似てきますから、ぜひ相手の反応の型を知って、言葉を合わせ、いい関係を築きましょう。

先人の言葉

行く言葉が美しければ、来る言葉も美しい

——韓国のことわざ

「嫌われたくない」と思うからこそ余計に嫌われてしまう

■ win・winではない、自己中心的なコミュニケーション

スーパーで試食品の販売員に腕を取られて「ね、おいしいでしょう。新商品なの、ひとつどう?」と強引に勧められ、不愉快だったことがあります。「売りたい！買ってほしい！」という自己中心的な発想がみえみえで、不愉快だったのです。

これはもっともまずい人間関係の見本。**win・winの関係が築けていない**のですね。そして実は、日常生活でやってしまいがちなパターンでもあるのです。

■ 「好かれたい、嫌われたくない」願望も自己中心に映る

この関係、実は「好かれたい、嫌われたくない」気持ちが強い人と構図は一緒。

なぜならあなたの「好かれたい、嫌われたくない」という気持ちは〝自分を守ろ

うとする自己中心的な発想〟として相手に受け止められるから。嫌われたくないと思えば思うほど、相手は「自分のことだけが大事で、私のことはどうでもいいのね」と判断し、あなたのことが嫌いになっていきます。

■言葉を変えれば、人間関係はよくなる

心当たりがある人は**「好かれたい」という言葉を「○○さんが好き」と意識を相手に向けた言葉に置き換えてください。**本心でなくてもかまいません。言葉を変えること自体が目的ですから。

それだけで意識が相手に向いて「好かれたい、嫌われたくない」という自分の感情に目がいかなくなります。その変化が重要なのです。何度も言葉にしているうちに「好かれたい」という感情が少なくなります。**互いのメリットのバランスが取れてこそ、いい人間関係を作ることができます。**ぜひ言葉を変えて、意識を相手に向けるようにしてください。

先人の言葉

人と人との友情は、賢者でも結ぶのが難しいのに、愚者はあっさりとほどいてしまいます　――シェークスピア

笑顔を3秒キープすれば親しみやすく、話しかけやすい自分に変わる!

■ 笑顔は遠い記憶にあるお母さんのオッパイ

笑顔は、人間関係にもっとも効果を発揮するサプリメント。いい人間関係を築くために、ぜひ笑顔を3秒キープできる人になりましょう。

なぜ3秒か。人は最初のたった3秒で相手の全体を捉え、その後の時間は、言葉のキャッチボールをしながら、その3秒で捉えた情報を確認、修正する時間であると言われているからです。

そして、なぜ笑顔が人間関係に効くのかというと、笑顔は、遠い記憶にある、丸くて柔らかくて安心させてくれるお母さんのオッパイと重なるから、というのが私の仮説です。

どんなに顔が長い人でも、笑顔になると形が丸に近付きます。その形が赤ちゃんのときに触れてきた柔らかさや安心感に繋がり、人を温かい気持ちで包んでくれるのです。

■笑顔がある人には話しかけやすい

いい笑顔の人には、誰でも気軽に声をかけることができます。

笑顔のある人は場の空気を明るくしますから、上司や同僚から好かれ、まわりにたくさんの人が集まってきます。

しかし笑顔のない人は、場の空気を暗くするので敬遠され、誰も近付こうとしません。

もし上司がまったく笑顔を見せず、真剣な表情で資料を読んでいたら、皆さんは話しかけるでしょうか。「いまは仕事中だから、話しかけないほうがいい」と判断して、話しかけることを控えますよね。それと一緒です。

笑顔のない人には、話しかけにくいのです。

だから常に笑顔をキープし、話しかけやすい雰囲気を作ってほしいと思います。

■ 笑顔トレーニングで自然な笑顔を目指そう

ところが、笑顔は誰でもすぐに作れるかというと、そうでもありません。たいていの人は顔の筋肉が硬くなっていて、口を横に開いただけの「作り笑顔」になってしまいます。

そこで、誰でも簡単にできる笑顔トレーニングをご紹介しましょう。

1. 「イ〜」と発音するように、ゆっくり口を横に開いてください。目尻にシワが寄るぐらいまでしっかり開きます。
2. しっかり横に開いたら、そのまま10秒キープしてください。
3. 次に開いた口をゆっくり「オ〜」の形まで戻します。

この「イ〜」と「オ〜」を、毎日10回行うこと。それだけで作り笑顔ではない、きれいな笑顔が自然に出るようになります。

先人の言葉

微笑めば友達ができる。しかめっ面をすればしわができる

――ジョージ・エリオット（作家）

①「イ～」と口を横に開く

②そのまま10秒キープ！

③ゆっくり「オ～」に戻す

3秒のアイコンタクトをコミュニケーションツールとして活用しよう

■目は口ほどにものを言う

目は口ほどにものを言うといいますが、その言葉どおり、目は実に多くのことを語ってくれます。

緊張すると、とたんにまばたきの回数が増えますし、なかなか目を合わせてくれない相手には「嫌われている?」と不安になってしまいます。

いっぽうで面接の際にアイコンタクトが多いと、面接官からの質問の回数が増えるという研究報告があります。

面接官が関心や好意を寄せてくれた結果と考えられます。

またすれ違いざまに目を合わせるだけで挨拶代わりになりますし、目を合わせなければ、言葉を使わずに嫌いという意思表示をすることもできます。

■アイコンタクトというコミュニケーションツール

視線を交わしたあと、相手より先に外したら失礼になりますが、外す向きでも印象が違います。

横に外すと、相手を拒否しているように思われます。下に外すと恥ずかしがっているようにも見えますが、横に外すよりは、はるかに好印象に伝わります。

このように、目は人間関係を円滑にしてくれる大切なコミュニケーションツール。**アイコンタクトもまた3秒取れるよう、ぜひ意識なさってください。**

親しい関係が確立していれば3秒以上でもかまいませんが、浅い関係で長く見つめるとあらぬ誤解を受けることもありますので、見つめすぎもせず、早く外しもしない3秒くらいが、ちょうどよい時間です。

先人の言葉

拈《ねん》華《げ》微《み》笑《しょう》——仏教語。言葉を使わず、心から心を伝えること

心地よいリズムで息を合わせて気持ちを近付けよう

■リズムが形作る、心地よい人間関係

「息が合う」「息がピッタリ」などの言葉があるように、呼吸のリズムが合う人と一緒にいると、なんとなく心地がよくなります。

なぜ、人はリズムが合うと、心地よくなるのでしょうか。

この世も人の命も、リズムで刻まれているから、というのが私の考えです。

日が沈み、日が昇る「時」が刻むリズム、太陽の光が地球に届く「スピード」という名のリズム、春から夏に移行する「季節」のリズム、心臓がトクトクと刻む「命」のリズム、脳を起点に「刺激」と「反応」というリズムで構成されている人間のリズム（6ページ図参照）など、地球も生物も「リズム」によって統合されています。だからリズムが合うと心地よくなり、人間関係に有効なのです。

■ポイントは話すスピードと発話するタイミング

息を合わせるポイントは、言葉をキャッチボールする際の間合い、タイミングと、話すときのスピードにあります。

まず**相手が言葉を発するタイミングに注目して、リズムを合わせましょう。**

話すスピードも合わせることができたら、それに越したことはありませんが、相手が早口の場合は要注意。早口は脳が興奮しやすいのが難点です。早口同士の会話では、ちょっとした言葉の行き違いから、ケンカになってしまう危険性もあります。話すスピードは合わせなくても、発話するタイミングだけでも合わせるようにすると、感情の共有が図りやすいです。

ただし、くれぐれも**相手を「自分」に合わせようとはしない**こと。一瞬でうまくいかなくなってしまいます。**コミュニケーションの主役は常に相手です。**

先人の言葉
阿吽　――　サンスクリット語「a-hum」の音写。きわめて自然な呼吸という意

人は「共通」で仲良くなれる！さりげなく身体の動きを合わせよう

■「マッチング効果」と「ミラーリング効果」

親しくなればなるほど言葉や態度が似てくるように、身体の動きを合わせるだけで心が近くなります。ただし相手に悟られないように、さりげなくすることが大切です。

方法には「マッチング効果」と「ミラーリング効果」のふたつがあります。

マッチング効果とは、相手とまったく同じしぐさをすることで、好感度を高めていく方法です。

たとえば相手がドリンクを飲んだら、あなたもさりげなくドリンクを飲む。相手が窓の景色を眺めたら、あなたも同じように景色を見て、相手の動きに合わせていきます。

いっぽう**ミラーリング効果は、鏡に映る自分を見るように、相手の動きの反対の方向に動きを合わせていく方法**です。相手が右手を動かしたら、自分は左手を動かす。相手が右側に身体を寄せたら、自分は左側に寄せるのです。

■成功のポイントは「さりげなく」

また**相手の話に表情を合わせる**ことも重要です。

相手が笑顔を見せたら、あなたも笑顔になる。相手が深刻な表情をしていたら、あなたも深刻な表情をして話を聞く。相手が目を見張ったら、あなたも目を見張って驚いた表情をするのです。

あからさまに相手の真似をしたら気付かれないだろうかと不安にもなりますが、さりげなくすれば大丈夫です。

ふたつの効果で話が弾んでいきますから、さりげなく真似れば、気付かれる心配はいりません。

先人の言葉
大功《たいこう》は拙《せつ》なるがごとし――老子。ずば抜けて秀でたものは、かえって下手なように見える、の意

相手に「心臓」を向けるだけでさらに親しくなれる

私たちにとって「心臓」とは

心臓は「命」。

パニックに陥ったとき、人は無意識に胸に手を置いて心臓を守ろうとします。

お母さん方が左側に赤ちゃんの頭がくるように抱くのは、赤ちゃんの心臓と自分の心臓を近付けることで、大事な命をしっかり胸に抱いている安心感や幸福感に満たされるからですね。

また日本人は「心」というと胸を指しますが、これも大事な心を心臓となぞらえているために出る無意識の行動と言えます。

このように私たちは、**無意識に「心臓」を中心とした行動を取っている**のです。

■心を開くとは〝心臓を見せる〟こと

つまり**心を開くとは〝心臓を見せる〟ことであり、心を閉ざすとは〝心臓を隠す〟こと**なのです。

緊張を要する場面や相手の前では、上着のボタンをしっかりと留めて、決して心臓を見せるようなことはしません。

しかし関係が深くなればなるほど、ジャケットのボタンを外す、ジャケットを脱ぐ、ネクタイを緩める……という具合に、心臓を守るいくつもの壁を取り払っていきます。その典型ともいえるのがハグですね。心臓を密着させることで、互いの信頼関係を確認し、深め合っているのです。

対人場面では、常に相手の心臓を意識し、自分の心臓を相手に向けるようにしましょう。その行為が相手と向き合うことのはじまり。そして関係が深まるに従って、心臓の距離が縮まり、命を包んでいる衣が一枚ずつ剥がれ心が近付きます。

先人の言葉　**泰山《たいざん》は土壌を譲らず**――史記。度量の大きな人は、どんな小さな意見も取り入れて見識を高め、さらに大きくなっていく、の意

言葉で伝えることが苦手なら
ボディランゲージをコミュニケーションツールに

■ 言葉と身体の動きを合わせる

人は多くのことを外見で判断しています。直接話をしなくても、日頃の態度や行動、表情や言葉遣いなどから、おおよその性格や人柄が伝わってしまいます。

もし言葉をつかったコミュニケーションが苦手なら、**ボディランゲージ**でコミュニケーションを取るのもいいですね。

ポイントは、**あなたが相手に伝えたいと思っている言葉と、身体の動きを一致させて伝える**こと。それさえ間違わなければ、ボディランゲージは、言葉よりも有効なコミュニケーションツールになります。

たとえば話す時間がないときは、笑顔とうなづきだけで、急いでいることを伝えることができますし、遠くにいる人には、片手を上げるだけで挨拶ができます。

また社内の人が多いエレベーターを降りるときは、ひとりひとりに言葉をかけなくても、腰をかがめ、軽く会釈をして降りるだけで、挨拶代わりになります。

いい人間関係とは、心と心が通い合い、感情の共有が図れる関係。あなたの考えや思いが相手に伝わって、はじめて実現できる関係です。

肯定的で受容的な態度を期待するなら、あなたから先に肯定的で受容的な態度を送りましょう。笑顔で接してほしいなら、あなたから先に笑顔を送りましょう。

ネガティブな表情や態度でいたら、相手からもネガティブな表情と態度がフィードバックされてしまいます。

人は多くのことを目で捉えており、誰かに聞いたことよりも、自分の目で確かめたことを信頼します。

言葉で伝えることが苦手なら、ボディランゲージのコミュニケーションで、いい関係を築いてください。

先人の言葉

あるべきよう――禅の言葉。あなたはあなたのままで、の意

度が過ぎる遠慮や謙遜は、相手との距離を作る上手な謙虚さの表しかた

■ 相手の「自尊心」を基準に考える

日本人は謙虚さを美徳としてきましたが、**遠慮や謙虚も度が過ぎると相手を否定することに繋がります**。

褒められることに慣れていないと、つい「とんでもない」と謙遜してしまいがちですが、実はこれには注意が必要です。**謙遜のつもりが、相手には「否定された」と受け止められかねない場合もある**のです。

ただしどこまで謙虚に遠慮すればいいのか、判断が難しい問題でもありますね。遠慮や謙虚さは、相手との心理的な距離によって異なりますし、相手の人柄や性格、社会的地位などによっても変わってきます。

では、なにを基準に考えたらいいのか。

ひとつは、**相手の「自尊心」を考慮する**と間違いがないと思います。お伝えしてきたとおり、自尊心とは自己肯定感です。

その人の自尊心が満たされて喜んでもらえるようなら遠慮しないで受け入れる。反対に、その人の負担になるようであれば遠慮する、というのが判断基準としてはベストと考えます。

美醜については、いったん否定してから感謝の言葉を添える

また、**美醜に関しては否定して謙虚さを示す**、というのが賢明です。

「おきれいですね～」と言われて、「はい、ありがとうございます」と素直に受け入れてしまっては、相手は引いてしまうかもしれません。

「いえいえ、そんなことはありません」といったん否定したあとに、「でも褒めていただけて嬉しいです」と感謝の言葉を添えると感じがよいですね。

度が過ぎる謙虚さや遠慮で、心が離れてしまうのはもったいないですものね。

先人の言葉● **河海《かかい》は細流《さいりゅう》を択《えら》ばず**　――史記。器の大きな人はどんな人でも選ばずに受け入れる、の意

話の中身はあまり聞かれていない?!
人は言葉よりも「口調」を気にする

■ 何を話すかは、さほど重要ではない

多くの人は、話の内容を洗練させようとしますが、実は人は、話の中身よりも、**話している人の雰囲気や話しかたに注目していることが多く、実は中身はそれほど聞いていていません。**

表情やしぐさ、口調など、目に見え、耳に届く印象に注目していることのほうが多いです。「うまいことを言うなぁ」と思う人がいたとしても、「話がうまい人」という記憶は残っても、うまい話の中身は覚えていないものなのです。

■ 口調からは感情が伝わる

なかでも**「口調」は、その人の印象を大きく左右**します。口調ひとつで、性格

がキツイ、怒っているわけではないのに、怒っていると誤解をされてしまうこともあります。

なぜ口調が重要なのかというと、口調には感情が伴うからです。そのため聞き手は、言葉そのものよりも、感情を伴った口調のほうが、その人の本音なのだろうと判断してしまうのですね。

キツイ口調は脳の興奮材料にも

また口調は、脳にとっても情報ですので、**強い口調が脳を興奮させてしまうこと**もあります。単なる意見の相違が口論になったり、最初はそれほど厳しく叱るつもりではなかったのについ叱りすぎてしまったりと、口調によるトラブルも起きてしまいます。

あなたは日頃どんな口調で話しているでしょうか。一度チェックしてみてはいかがでしょうか。

先人の言葉
舌の剣《つるぎ》は命を絶つ
——日本のことわざ

話題に困ったときの救世主「はしにたてかけせし衣食住」

■話題に困ったら、これを思い出せ！

人間関係に自信がなく話すことが苦手な人は、話題がないことで悩みます。

日本には昔から、話題にできるものとして、「きどにたてかけせし衣食住（気候、道楽、ニュース、旅、天気・テレビ、家庭・家族、健康、セックス、仕事、ファッション、食事、住まい）」という素晴らしい言葉があります。

私はこれを少しアレンジして、**「はしにたてかけせし衣食住」**を会話のツールとしてお勧めしています。

は＝恥ずかしかった話、し＝失敗した話、に＝ニュース、た＝旅、て＝天気、か＝賭けごと、け＝健康、せ＝セックスや恋愛、し＝趣味、衣＝洋服やファッション、食＝食、住＝住まい。

これらはすべて話題にしていいということです。どれも新聞のテレビ番組欄に書かれている内容ですよね。このなかのひとつを選んで話せばいいのです。

話題が見つからないのは、あなたのなかにある「こんなことを話してヘンに思われないだろうか」「もっとちゃんとしたことを話さないと」などというネガティブな意識のせいです。

人は皆それほどたいそうなことを話しているわけではなく、日常生活のありふれたことを話題にすることで、交流を深め、心を通わせています。たいそうな政治や宗教の話は、ごく親しい間柄ならかまわないでしょうが、ビジネス場面ではむしろ敬遠される話題です。

■会話は質問から。自分の話は3分の1でいい

会話は基本的に質問から入ります。相手を知り、あなたのことも少し知ってもらいながら、互いを理解し合い、距離を縮めていくことがコミュニケーションです。親しくなりたい人には質問することから始めましょう。相手に興味を持てば、知りたいことはたくさん出てきて、本来は話題に困ることなどないはずです。

ただし一方的に質問していると、しつこく思われてしまうかもしれません。ですから**相手の話を聞くのは3分の2、自分の話をするのは3分の1ほどを目安**にしましょう。「口ひとつに耳ふたつ」というユダヤの格言は、自分が話す倍だけ相手の話を聞かなければならない、という会話のバランスを教えてくれます。

■会話を広げたければ〝数と形と大きさ〟に注目

質問はしたけれど、話が広がらない。そんなときは、**形や数、大きさに注目すると**、話を弾ませることができます。


「昨日は、何をしていたの？」

「新しくできたスポーツセンターに行ってきた」

「あら、いいな。どうだった？」

「よかったよ」

「……（会話が続きません。このときに）駅から近いの？」［数］

「歩いて5分くらいかな」

「わりに近いのね。施設はどれぐらいの大きさ？」〔大きさ〕
「それほど広くはないけど、お洒落だった。吹き抜けのロビーがあって、大きな窓からは植栽が見えて」〔形〕
「そうなんだ。マシンも多いの？」〔数〕
「うん、かなり充実しているね」
「休日だと、人が多いでしょう？」〔数〕
「けっこう多いけれど、楽しかったよ。来週、一緒に行かない？」

途中で会話が止まりそうになりましたが、数に注目して質問したことで、なんとか乗り切れました。数や形に注目すると、「吹き抜けのロビー」や「窓から植栽が見える」などのようにイメージも鮮明になります。皆さんも困ったときは、ぜひ試してみてください。

先人の言葉

話し上手の聞き上手
――日本のことわざ

colum

思い込みの力を利用しよう

喘息の発作で苦しんでいる人に、「この薬で発作が治まりますよ」と伝えて、ビタミン剤を与えたら、治まるはずのない発作が本当に治まってしまった、という心理学の実験があります。

「プラセボ効果」といい、思い込みの力を表しています。

あなたにもし「人と話すのは難しい」「人間関係は苦手だ」という気持ちが強いようなら、一度「本当にそうだろうか？」と疑ってみてください。

そして自分にも笑い合える家族や友人がいて、働く場所があることに気付いたら、ネガティブな考えが浮かぶたびに、それを自分に言い聞かせてください。

ポジティブな言葉を脳裏に浮かべることも学習です。ポジティブな言葉を刻むことがポジティブな思い込みにつながり、苦手意識の軽減に役立ちます。

第4章

かどが立たず 嫌われない主張術

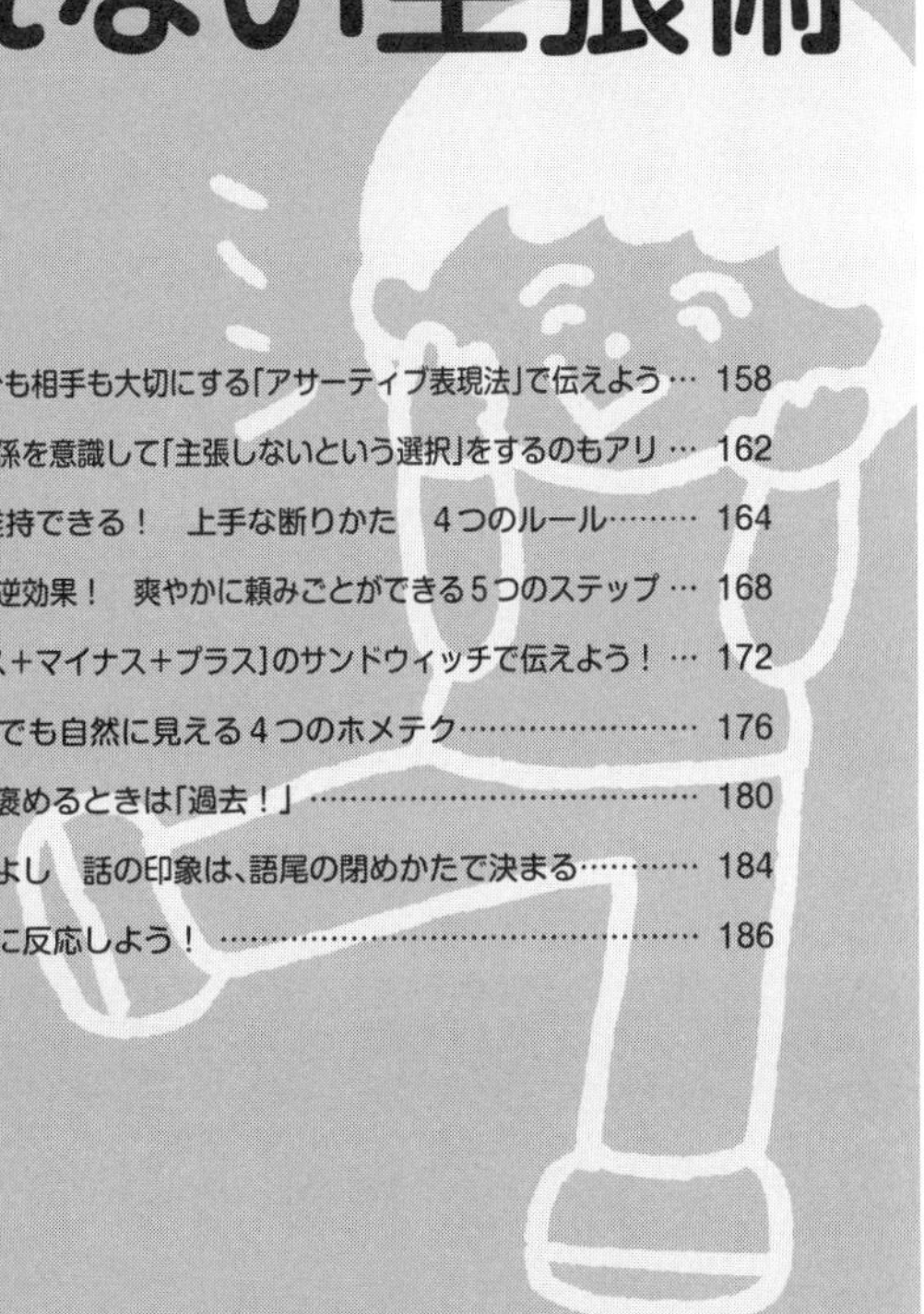

言いにくいことこそ、自分も相手も大切にする「アサーティブ表現法」で伝えよう

■「自分も相手も大切に」するアサーティブ表現法

アサーティブ表現法とは、自分も相手も大切にした自己表現方法。かどを立てず嫌われない主張をするためには最適なツールといえます。

この主張法を身につけると、自分の気持ちや考えを躊躇せずに、その場の雰囲気にふさわしい方法で相手に主張することができるようになります。

あなただけが主張するのではなく、相手にも同じように主張することを求めますから、ときには対立が生じることもあります。しかしアサーティブな主張の仕方を身につけると、率直な意見交換ができて、互いに譲ったり譲られたりしながら、双方にとって納得のいく結論を出しやすくなります。

ときに、アサーティブを「攻撃的」と誤解している人もいるようですが、それ

は間違いです。

攻撃的とは相手の事情や状況を無視し、自分のことだけを優先することで、アサーティブとはまったく異なります。

人間のタイプは大きく、

①自分のことを優先して、他人のことは無視してしまうタイプ

②自分よりも他人を優先し、自分のことは後回しにしてしまうタイプ

③自分のことを考えながら、相手のことも配慮するタイプ

の3つにわかれますが、アサーティブな人とは③の**「自分のことを考えながら、相手のことも配慮できる」**タイプをいいます。

■ アサーティブになれないとき

多くの人はアサーティブに主張できていると思いますが、そのいっぽうで、主張できないときや主張できない人もいます。なぜなのか、理由は大きくは、次の3つが考えられます。

ひとつは、**自分の言いたいことが、はっきりとわかっていない**ときです。

何を伝えたいのか、自分の考えや気持ちが明確でないのですから、言葉にできないのは当然かもしれません。

ふたつめは、**結果やまわりを気にしている**ときです。

「ちゃんと言えるだろうか」「相手を怒らせたら困る」など、結果や結果後に起こることを気にしているときには、アサーティブになれません。

3つめは、**そもそもアサーティブに伝えるスキルを学習していない**ということです。

人は経験や知識という学習によって身につけたことしか実行できません。アサーティブな伝えかたを学習していなければ、実行に移せないのは当然ですね。皆さんには、ぜひ今日からアサーティブに伝えるスキルを身につけていただきたいと思います。

考えかたをアサーティブにする

そのために最初にすることは、「アサーティブな考えかた」の学習です。

なぜ考えかたなのかというと、人は自分の考えや感情に基づいて行動する生きものだからです。**アサーティブな考えかたを知らなければ、アサーティブな行動を取ることはできません。**

たとえば「相手を否定するのはよくないから、反対意見は言ってはいけない」という考えかたをしている人は、アサーティブとは言えません。

アサーティブとは相手も自分も尊重することですから、自分を抑え込むのはアサーティブではありませんね。

しかし「相手を否定するのはよくないが、相手の意見を認めながら、同時に自分の意見を言えることは大切だ」という考えかたであれば、アサーティブに主張することができるようになります。

そのために考えかたから学習していくことが大切なのです。

さっそくアサーティブな考えかた、そしてアサーティブな伝えかたを学んでいきましょう。

先人の言葉

一知《いっち》半解《はんかい》——滄浪詩話。ひとつの知識しかないのに、その知識も生半可である

常にwin・winの関係を意識して「主張しないという選択」をするのもアリ

■ビジネスシーンこそアサーティブな関係の連続

ビジネスにおけるコミュニケーションは、相手を動かして、自分の目的を叶えていく交渉術。**ビジネスシーンこそ、アサーティブな関係の連続**です。

もし利害が対立していてどちらも譲ることがなかったら、交渉はそこで終わり。しかし互いにアサーティブになって、それぞれの目的を話し合い、歩み寄りながら譲歩し合えば、結果はまったく変わり、関係も結果もゼロにはなりません。

アサーティブとはまさにこのwin・winの関係です。

自分の望みを叶えながら相手の望みも叶え、双方に勝利をもたらす関係こそ、アサーティブな関係なのです。

■「主張しないという選択」をするのもアサーティブ

この関係は、ビジネスだけでなく、人間関係においても同様です。

主張することが苦手な人は、誰かに不愉快なことを言われとき、心のなかで悔しいと思いながらも、何も言えずに耐えます。

しかしアサーティブに主張できる人は、「いまはその話はやめましょう」「この件については、また後日話し合いましょう」と、かどが立たないよう、口調や言葉に気をつけながら、自分の考えを伝えることができます。

また心のなかで「不愉快だけど、いまは相手の言葉を無視しよう」と決め、「主張しないことを選択する」ことも、アサーティブな行動のひとつです。

アサーティブには「主張しない」という選択権もあるのです。

「言いたいのに言えない」というのはアサーティブではありませんが、**「主張しない」ことを、自分の意志で選択することはアサーティブと判断します。**

先人の言葉
言葉は心のつかい　――　日本のことわざ

無理なく、人間関係も維持できる！上手な断りかた　4つのルール

■ 上手に断ればダメージにならない

たくさん仕事を抱えているのに、上司や同僚から「ちょっと、これやっといて」と頼まれたとき、断りかたが難しいですね。「すみません。いま忙しいので無理です」と気軽に断れる相手ならいいのですが、苦手な上司や断りにくい相手の場合は、そういうわけにもいきません。仕事を引き受けることはできないけれど、無下に断って人間関係を気まずくもしたくない。

そんなときにこそアサーティブな伝えかたで、ｗｉｎ・ｗｉｎの関係を維持することが重要。上手な断りかたの４つのルールを紹介します。このうちのどれかひとつでも、実践できることを目標にしましょう。

【ルール１】相手に判断させる

ルール１は、相手に判断させることです。

「断るのはこちらなのに、相手に判断させることなどできるの？」と思われるかもしれませんが、**頼まれたことはいったん断ります。断ったあとで、引き受けられるかどうか、具体的な可能性を提示し、そこで相手に判断させる**のです。

「すみません、△△をやっていて、いまはできません」と理由を説明し、その上で「○○になったら時間ができますので、それからでよかったら大丈夫ですが」と、引き受けられる可能性を提示して、判断を相手にゆだねるのです。

そうすれば相手が自分や仕事のスケジュールなどを考慮し、「○○なら間に合わないから、他の人に頼むわ」とか、「○○でいいからお願いしたい」と結論を出してくれます。この方法なら、人間関係にヒビが入ることはありません。

あなたはいますぐの依頼は断ることができ、相手もあなたからの新たな提案によって、仕切り直して自分で判断を下します。断られたという心理的負担が少なくなり、双方にとってｗｉｎ・Ｗｉｎの関係で幕を閉じることができます。

【ルール2】理由と根拠を提示する

ルール2は、理由と根拠を提示することです。

相手の要望に応えられない理由や根拠、互いが受けるメリットやデメリットを明確に示すことで、**断ることで自分たちだけが得をするわけではない、また相手だけが損をするわけでもない**ことを伝えます。

ｗｉｎ・ｗｉｎとは、双方が同時にメリットを享受すること。ですから理由や根拠をしっかり伝えることで、対等な関係を構築できます。

【ルール3】代替案やサポートを提示する

ルール3は、**断ったあとの課題解決に向けた代替案かサポートを提案して断る、**ということです。

「価格はこれ以上下げられませんが、納品時期を早めることはできます」と伝えることで、歩み寄りの関係が築けます。

【ルール4】 チャンスやリソースを提示する

ルール4は、断ることで関係を終わりにしてしまうのではなく、**将来に可能性というチャンスを残して関係を繋いでいく**方法です。

「今回は残念ながらお役に立つことはできませんが、○月頃なら時間ができますので、そのときにもう一度お声かけください」と、将来のいつ頃なら可能であるという具体的な時期を提示します。

またリソース（resource）とは、目的を達成するために必要となる資源のこと。断りっぱなしにするのではなく、解決の可能性がある部署を提案したり、実際に自分が担当者に電話をして仲介者になってあげたりして、**具体的なリソースを提供することでｗｉｎ・ｗｉｎを目指します**。

無理をして引き受けたり、関係を断ち切ってしまったりするのではなく、アサーティブな伝えかたで継続できる関係を目指しましょう。

先人の言葉

気持ちよく断ることは、半ば、贈り物をすることである　——　ブーテルヴェク（哲学者）

低姿勢にものを頼むのは逆効果！爽やかに頼みごとができる5つのステップ

低姿勢にものを頼むと、相手に損な印象を与える

人にものを頼むのはなかなか難しくて、つい低姿勢になってお願いしたり、謝りながら頼んだりしてしまいます。

しかし**低姿勢になった時点で、あなたと相手とのパワーバランスは崩れています。**

あなたが低姿勢になればなるほど、相手には「仕事なのだから普通に頼めばいいのに、なぜ低姿勢なのだろうか」という**無意識の警戒心**が芽生えます。そして相手は「きっと私にとって負担な内容だから、低姿勢に頼んでくるのだ」という解釈をして、**自分だけが損をするような感覚**に陥ってしまいます。

こんなときにもアサーティブな伝えかたは、効果を発揮します。

■ 互いに気持ちよく仕事ができる5つのステップ

たとえば、担当しているプロジェクトで、新たにお願いしたいことができたとき、次のようなステップを踏んで依頼をすると、ｗｉｎ－ｗｉｎの関係を構築しながら話を前に進めることができます。

【ステップ1】感謝や賛辞

いきなりお願いをするのではなく、まずは相手の仕事ぶりや仕事の成果に対する感謝や賛辞の言葉を伝えましょう。**プラスの評価を受けることは相手にとってメリット**ですね。

「プロジェクトがうまくいっているようで嬉しいです。ありがとう」

「あなたのお陰でトラブルもなく進行して、まわりからの評価も高いですよ」

【ステップ2】情報の共有

新たに依頼することになった出来事の背景を伝え、そのことに対して共通の認識を持ちます。

「ところで、昨日、○○がありまして……」

【ステップ3】自分の考えを伝達

出来事に対して、自分はどのように考えているのかを伝えます。

「それについては、私は△△と思っています」

【ステップ4】依頼する

ここで具体的に依頼内容を説明します。同時に、**その依頼を引き受けることで相手が得るメリットやデメリット**も伝えます。

「あなたにはぜひ□□をお願いしたいと思っています。これを引き受けたときのあなたのメリットは＊＊ですが、××のようなデメリットも考えられます」

メリットは成長やスキルの向上、周囲からの評価のアップなど、目に見えないことでもかまいませんし、昇進や昇給などの具体的なものでもかまいません。

またデメリットは、帰りが遅くなることや、多忙になることなど考えられることを正直に伝えてあげましょう。

【ステップ5】クローズ

最後はクローズです。**脳には後半の言葉を記憶するという特徴がありますから、どのような言葉で話を閉めるかはとても大切**です。

「あなたには、とても期待している」「あなたが引き受けてくれたので、ようやく安心することができました」など、相手に対する期待や承認の言葉を伝えることで、相手のモチベーションを上げることができたら理想ですね。

メリットのない頼みごとはこちらも頼みにくいので、ぜひタイミングや表情を観察しながら、双方が得する伝えかたをしてください。

先人の言葉

人生における無上の幸福は、自分が愛されているという確信である　――ヴィクトル・ユーゴー（小説家）

反論や反対意見は「プラス＋マイナス＋プラス」のサンドウィッチで伝えよう！

■ 保身とは、あなただけのメリット

会議や打ち合わせで、反対意見があるのは当然です。健全な議論をしようとしている場に、考えかたや視点の異なる人が集合しているからこそ、いいアイディアが生まれ、建設的な意見を出し合えます。

頭ではわかっているのに、反論するには勇気が要り、つい言葉を控えてしまいます。

なぜでしょうか。理由は大きくふたつ考えられます。

ひとつは**反論して、相手を不快にさせ、嫌われたら嫌だから**。もうひとつは、**自分の意見に確固たる自信が持てないために、つい保身に走ってしまう**、ということが考えられます。

保身は、あなたにとってのメリットですね。自分を守ることができるというメリットです。でも**相手にとってのメリットは供給できていません。**

反論のときこそ、アサーティブな伝えかたをしましょう。

■「プラス＋マイナス＋プラス」をセットに

反論するときの鉄則は、「プラス＋マイナス＋プラス」をセットにして伝えることです。この方法を使えば、言いにくい意見も言いやすくなります。

- ●プラス：相手の意見を認める（相手のメリット）。
- ●マイナス：反対意見（自分のメリット）。
- ●プラス：前向きな言葉で閉める（双方のメリット）。

いきなり「その意見には賛成できません」とマイナスから入るのはご法度。否定された人は、それだけで頭に血がのぼってしまいます。

最初はまずプラスの意見。相手が言いたいことを理解していると示しましょう。

「いまの意見は、○○という内容と理解しましたが、ここには△△などのメリットが考えられますね」と、いったん相手の意見をプラスに評価します。

その上で、相手にとってのマイナスとなる、反対意見を述べます。

「しかし△△というメリットがあるいっぽうで、××のようなデメリットも考えられます。これから述べる私の意見は……」と反対意見を述べ、反対の理由や根拠を提示しながら、話を展開していきます。

そして最後は「いろいろ意見が出てきて、ぼんやりしていたイメージが少しずつ鮮明になってきました。もしほかに意見のある方がいたらお願いいたします」と前向きな言葉でクローズし、他の人の意見を募ります。

■ポジティブな言葉ではっきり伝える

言いにくいことほどあいまいにして伝えがちですが、**言葉ははっきり、具体的に伝えましょう。あいまいにするのは、ネガティブな言葉を言おうとしているからです。**

「悪くはないけれどね」↓「いいと思います」

「まだできていないの？」↓「いつまでにできる？」

「ツメが甘いよ」↓「再度、調査する必要があるね」

「結果に繋がらないかと……」→「どうすれば結果が出せるか考えましょう」

「あと少し頑張ってほしいのですが」→「今週中にできますか？」

相手のメリットになるポジティブな言葉に変えれば、何も問題はありません。

■反論するときは、「何を」と「なぜ」を押さえて

反対意見を言おうとすると、自動的に自分を守ろうとする意識が働いて、脳がセキュリティを強化しようとします。そのため体内時計のリズムが速くなり、早口になって興奮しやすくなりがちです。

①早口にならない、②「何を言いたいのか」と「なぜ言いたいのか」をしっかり押さえる。このふたつは必ず守ってください。

これらを心がけるだけで、落ち着いて伝えることができるようになります。

先人の言葉

如才《じょさい》ないとは、敵を作らずに自分を主張することである　――ニュートン

褒めることが苦手な人でも自然に見える4つのホメテク

■ 褒めれば喜ばれるとは限らない

人を褒めるのは、とても難しいです。

実力も知識もはるかに下の人が上の人を褒めるのは失礼すぎて、相手を不愉快にさせるだけですし、太めの体型を気にしている人に「スタイルがいいですよね」と褒めても嫌味と受け止められるだけです。

褒めるときこそ、相手をよく観察しなければなりません。

ここでは上手な褒めかたのポイントを４つご紹介します。


【ホメテク1】友人を介して褒めろ！

苦手な人や嫌なヒトは、友人や知人を介して褒めましょう。

人は以心伝心ですから、あなたが苦手意識を持っていることは、相手もうすうす気付いているはずです。

そんなときにダイレクトに褒めても「本当かな？」と疑われてしまうだけですし、またあなた自身も緊張してうまく言葉が出てこないかもしれません。**第三者を通して褒めることで、相手とのあいだにクッションができ、第三者が嫌なヒトとのあいだをとりもつキューピットになってくれます。**

【ホメテク2】〔冗談っぽく褒めろ！

褒めれば喜んでもらえる、というのは大きな錯覚です。褒めかたによっては相手の負担になり、二度と会いたくないと思われてしまうこともあります。

たとえば何とも思っていない人から、真剣に「あなたは、素晴らしい人ですね」と褒められても、どう対応していいのか困ってしまいます。「デートに誘われたら嫌だな」「しつこく電話番号を聞かれたらどうしよう」と不愉快になるだけです。

そんなときは、冗談っぽく褒めましょう。

コツは「誇張」すること。

「あなたは素晴らしい！　お会いできると思ったら、眠れなくて。こんなに眠れなかったのは、小学校の遠足以来です」

これなら相手の負担にもならず、まわりからの爆笑も間違いありません。

【ホメテク3】機嫌のいいときを狙え！

多くの人は、相手の機嫌が悪いときに褒めようとします。

しかしこれは逆効果。

機嫌が悪いときに褒めても、おべっかを言っている、からかわれているなどとネガティブに解釈され、嫌味と受け止められてしまいます。

なぜかというと、**人は機嫌が悪いときほど、ネガティブに解釈し、ネガティブに受け止めてしまうものだから**です。

人を褒めるときは、相手が機嫌のよいときに限定しましょう。

たとえ嫌な相手でも、「○○さん、皆勤賞スゴイですね」と声をかけるだけで、「ありがとう。そういわれると、照れるよ」と案外素直に受け止めてくれます。

人は機嫌がいいときにはポジティブに解釈し、ポジティブに受け止めますから、敵対する相手ならなおさら機嫌のよいときを狙って褒めましょう。

【ホメテク４】親しくない相手は見えるところを褒めよ

それほど親しくない人を褒めるときは、要注意です。

なぜなら「知り合って間もないのに、私の何をわかっているの！」と反感を買う可能性が高いからです。

それほど親しくない人を褒めるときは、目や耳で捉えたところに限定して褒めましょう。

「髪がきれい」「洋服のセンスがいい」「声が魅力的」など、初対面でもわかるところならば、褒めても不快にさせることはありません。

先人の言葉

朋友《ほうゆう》は六親《ろくしん》に叶う――日本のことわざ。「親しい友だちは肉親同様に大切だ」の意

叱るときは「いま！」褒めるときは「過去！」

■ 叱るとき、褒めるときの基本

叱るときは「いま」、褒めるときは「過去」に着目することが基本です。

なぜかというと、叱るときは「いま」のほうが伝わりやすいです。

また、褒めるときは「過去」に限らず、いつでもかまいません。ただし褒めるところがないときには、過去に注目すると褒め言葉が見つかりやすいです。

■ 謙虚でいると褒めやすい

自信のある人は、人を褒めることがあまり得意ではありません。なぜかというと、自信があるだけに、他人のいいところに目がいかないのです。「あの人のこが羨ましい」と思うことが少ないのですから、褒めることが難しいのは当然かもしれません。

その点、自信のない人は、他人のいいところや羨ましいところにたくさん目がいきますから、褒めるところもたくさん見つかります。

「〇〇で羨ましい。〇〇が多くていいなぁ。私には〇〇がない……」

ただし自信のない人は、他人のいいところに気付いても、それを言葉にして伝えることが苦手です。

このことからわかるのは、**謙虚だと褒めるところを見つけやすい**ということ。なかなか褒められないという人は、ぜひ謙虚になって探してみてください。

褒めるところが見つからないときは「過去」と「将来」を褒める

謙虚になって探しても、褒めるところが見つからないときは、**「過去」と「将来」に目を転じ、注目していることを伝えましょう。**注目することと褒めることは少し異なりますが、**ポジティブな注目は、褒め言葉と同じ効果を発揮します。**

「入社当初から、ずっと注目していたのよ」

あるいは、将来の可能性に注目して、

「何事にも一生懸命な君は、きっと大成すると思うよ」

「あなたの将来をとても楽しみにしているよ」

これらの言葉を聞いて、「何言っているの?」といぶかる人は、まずいません。たいていはいいほうに解釈され、「期待されているから頑張ろう」とポジティブに受け止められるはずです。

■感情がコントロールできないあいだは叱るな

褒めるのと同様に、人を叱るのはとても難しいことです。特に**感情がコントロールできないほど怒りの感情に駆られているときには叱ってはいけません。**

なぜかというと、怒りの言葉を口にすればするほど、興奮してくるからです。

最初は軽く叱るつもりだったのに、次第にエスカレートして興奮してしまい、どんどん早口になって怒りが怒りを呼んでしまいます。

そんなときは、さっさとその場から離れ、トイレにでも行って頭を冷やし、冷静になってから叱りましょう。いったん感情を落ち着けてから叱ったほうが、的確な指導や指摘ができるはずです。

■叱るときは「具体的」に

叱られて嬉しい人はいませんから、叱るときは相手の自尊心を傷付けないように、細心の注意を払う必要があります。

「あなたは、まったくダメね」「あなたには、もう何も期待しないわ」などと人格を否定されたら、どこをどう解決すればいいのかわからず、落ち込むだけです。

叱るときは「いま！　直してほしいところ」を具体的に叱りましょう。

「遅刻はダメ！」「約束だけは守って！」「〆切は厳守すること！」

叱ることの目的は、本来、部下にそれ以上の失敗やミスをさせないことにあります。

そして**問題解決の方法をたくさん知っている、経験豊富な上司や年長者の役割とは、年少者を成長できるように導くこと**です。

上手に褒めて、上手に叱り、相手の成長を促すことが、よき指導者の条件であると考えます。

先人の言葉

自分にへつらう者は敵で、叱る者は先生　――中国のことわざ

終わりよければすべてよし 話の印象は、語尾の閉めかたで決まる

■ 同じことを伝えるのでも、順番を変えるだけで……

脳には、後半に聞いた言葉に注目するという特徴があります。そのため、**後半にどのような言葉があるかで受ける印象がまったく異なります。**たとえば、

A　「自分を変えたいんです。人間関係が苦手なので」
B　「人間関係が苦手なので、自分を変えたいんです」

Aからは、自分を変えたいというよりも「人間関係が苦手」という後ろ向きなことが強調されて伝わります。Bからは、人間関係が苦手というより、「自分を変えたい」という前向きな思いが強調されて伝わります。後半はポジティブな言

葉で終えたほうが、はるかに好印象なのです。

■語尾をポジティブな表現に変えよう

つい言ってしまいがちな言葉グセ。AとBを比べてみてください。

A「華やかで楽しそうなお仕事ですが、たいへんなことも多いでしょうね」
B「たいへんなことも多いでしょうが、華やかで楽しそうなお仕事ですね」

A「よく頑張っているけど、仕事は遅い」
B「仕事は遅いけど、よく頑張っている」

A「飲み会は楽しいけれど、お金がかかってたいへん」
B「お金がかかってたいへんだけど、飲み会は楽しい」

先人の言葉
終わりよければすべてよし　――日本のことわざ

colum

相手の「感情」に反応しよう！

人は［出来事］よりも［感情］が刺激されると、よく話すようになります。

「昨日は、遅くまで飲み会でたいへんだったの」と言ったときに、「あら、飲みにいったの？」「なにかトラブルでもあった？」と［出来事］に反応されても、あまり嬉しくありません。

なぜかというと、聞いてほしいのは「たいへんだった」という自分の［感情］だからです。

そのときに、「えーっ、それはたいへんだったわね！」と感情に反応してあげると、相手は自分の気持ちが理解されたことに満足して、「そうなのよ、二次会まで付き合わされてね……」と、さらに続きを話したくなります。

会話が弾まない人は、ぜひ相手の感情に注目し、反応するようにしましょう。

第5章

人間関係に効くイメージアップ戦略

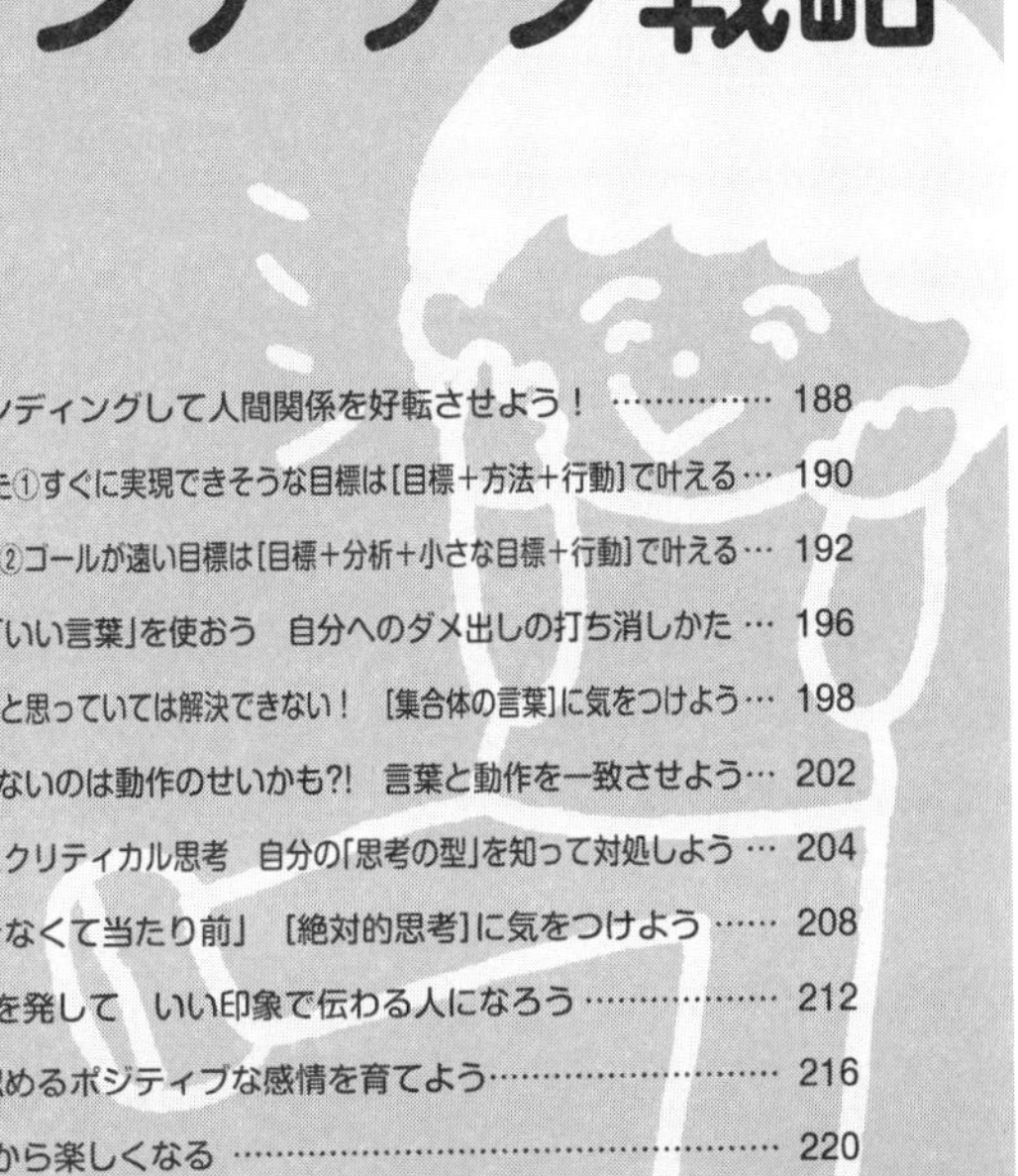

なりたい自分にブランディングして人間関係を好転させよう！

■理想の自分のなかから、すぐに実現できそうなことを選ぶ

「ブランディング」とは、一言で言うと、まわりの人に自分のイメージを定着させ、認識してもらうこと。

もともとは企業などのイメージ戦略の際に使われてきた用語ですが、最近は個人のイメージ戦略にも「ブランディング」という言葉を用います。

いい人間関係を作るためにも、**あなた自身をなりたい自分にブランディング**しましょう。

あなたは、どんな自分になりたいですか？　まわりの人にどんな印象で受け止めてほしいでしょうか。

理想の自分の姿を全部ノートに書き出してみてください。

頭のなかで漠然と考えるのではなく、**文字にして視覚化しましょう。視覚化すると、なりたい自分のイメージがはっきりしてきます。**

- 友だちがたくさんいる自分になりたい
- 職場で普通に会話ができる自分になりたい
- チームをまとめていく自分になりたい
- 自信に満ちた自分になりたい
- 上司のAさんのような自分になりたい

たくさんのなりたい自分の姿を書き出せたら、次は、どれをいちばんに叶えたいか、**優先順位を決めましょう。**

できれば、**すぐに実現できそうなことを優先**させてください。

実現するのに時間がかかるような目標では、モチベーションを維持するのが難しいです。低いところからハードルを徐々に上げて、高い目標を実現していきましょう。

先人の言葉

夢は現実の苗木である　――　ジェームズ・アレン

失敗しない目標の立てかた①
すぐに実現できそうな目標は【目標＋方法＋行動】で叶える

■ 可視化することで理想の自分に近付く

なりたい自分を実現するためには、目標の立てかたと実践のしかたが大切です。
まずはハードルの低い目標を実現する方法をご紹介しましょう。
次の3つのステップを踏むことです。

①具体的目標
↓
②目標を実現するための方法
↓
③目標を実現するための具体的行動

たとえば「友だちがたくさんいる自分になりたい」なら、次の３つのステップを文字化し、行動に移していくだけでＯＫです。

①目標：友だちがたくさんいる自分になりたい

②方法：□疎遠になっている友人に連絡してみる

□ＳＮＳに参加して知り合いを増やす

□趣味のサークルを見つけて入る

□習い事をして友だちを作る

③行動：「②方法」は、目標を実現するツールであると同時に、具体的な行動に移すためのツールでもあります。

これらをひとつずつ実行し、実行できたものにはチェックマークを入れ、完了したことまでしっかりと視覚化します。

先人の言葉

目標を達成するには、全力で取り組む以外に方法はない。そこに近道はない

――マイケル・ジョーダン

失敗しない目標の立てかた②
ゴールが遠い目標は【目標＋分析＋小さな目標＋行動】で叶える

■ 目標をより具体的にブレイクダウンしていく

「職場のAさんのようになりたい」のような実現までに年月がかかり、ゴールが遠くにある目標の場合は、**【目標＋分析＋小さな目標＋行動】**で実現していきます。

「Aさんのようになりたい」という目標では、どのようなAさんになりたいのか、Aさんのどのようなところを目指したいのか、具体的にイメージできません。

ですから、最初に**Aさんがどのような「行動」で構成されているのかを分析**します。Aさんのあらゆる行動を観察し、すべてを書き出してみましょう。出退社時間や、同僚・上司とのコミュニケーションの取りかた、読書傾向、ファッションや話しかたなど、細かく書き出し、分析します。

分析したなかから、自分にもすぐに真似できそうなものをピックアップし、それを小目標とします。

小目標が完成したら、最後にそのなかからひとつずつ行動に移していきましょう。

①目　標：職場のAさんのようになりたい
②分　析：Aさんの行動を細かく観察して書き出す
●出退社…7時出社、6時退社
●仕事中…電話やメール午前中のみ、午後は仕事に集中、雑談は少ない
●愛読書…ビジネス書、歴史小説
●態度…姿勢がよい、いつも笑顔、速足で歩く、誰にでも親切で優しい
●ファション…清潔感がある、スーツは紺、シャツは紺のストライプ
●話しかた…穏やか、丁寧な言葉遣い、褒め上手、相手を否定しない
●趣味…テニス、カラオケ、ゲーム、将棋、碁

③小目標：②で分析したなかから、自分にもすぐに真似できそうなものをピックアップする。
●出社を7時にする
●電話は午前中に済ませる
●姿勢をよくする
●笑顔でいる
●速足で歩く
●穏やかに話す
●歴史小説を読む
④行　動：小目標が完成したら、ひとつずつ行動に移していく。

一度にたくさんのことをしようとすると、途中で挫折します。まずはひとつかふたつを習慣になるまで続け、それが習慣になったら、新しい小目標をピックアップして、行動に移していってください。

継続は力。続けることで、数年後にはAさんのようになることができます。

先人の言葉

じっくり考えろ。しかし、行動する時が来たなら、考えるのを止めて、進め
―― ナポレオン

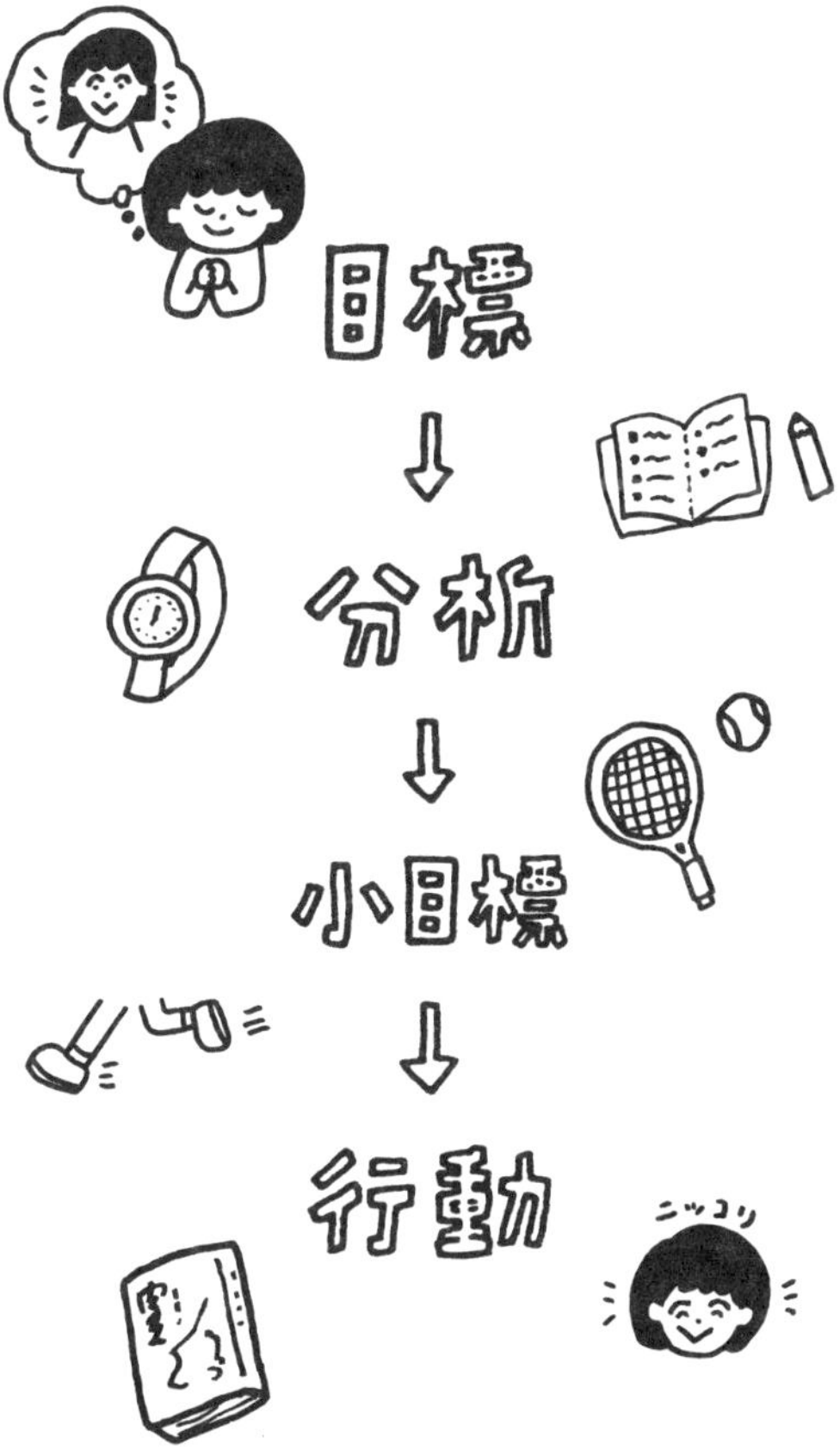

いい人生を作るために「いい言葉」を使おう
自分へのダメ出しの打ち消しかた

ネガティブがネガティブを生み、ポジティブがポジティブを生む

いい言葉とは、相手もあなた自身も幸せにしてくれる言葉です。

たとえば知り合いから「いつも元気そうですね」とポジティブに言われたら、「はい、ありがとうございます」と感謝の言葉で反応します。しかし「いつも忙しくて、たいへんそうですね」とネガティブに言われたら、「そうなんです。いろいろ忙しくて……」と、つい愚痴をこぼしたくなってしまいます。

ネガティブな言葉からは、ネガティブな感情が生まれ、ネガティブな感情からはネガティブな行動が起こります。

反対に、ポジティブな言葉からは、ポジティブな感情が生まれ、ポジティブな感情は、ポジティブな行動へと繋がって、**ポジティブな好循環**が形成され、あな

たの人生をハッピーに変えてくれます。

ポジティブな言葉で好循環を

人はつい目標と比較して「あそこがダメ、できてない」とダメ出しをしてしまいます。しかし**ダメ出しをした時点で、できているところを捨てて、ダメなところを拾っていることになる**のです。**向上心の強い人ほど陥りやすい欠点**ですね。

ダメ出しをしそうになったら、**言葉を変えて、ポジティブに表現する習慣**をつけましょう。コツは**ネガティブな言葉は必ず否定する**こと。それだけでいいです。

「忙しくてたいへん」→「忙しくてたいへん。だけど、仕事があって嬉しい」

「上司が嫌いだ」→「上司が嫌いだ。しかし好きな上司もいる」

後半の言葉を記憶するのが脳の特徴です。

ネガティブな言葉が出たときは、必ず打ち消して、ポジティブな表現に変えれば、人生は必ず好転します。

先人の言葉

いい言葉はいい人生をつくる　――　斎藤茂太

「いい人間関係を築きたい」と思っていては解決できない！【集合体の言葉】に気をつけよう

■問題を解決するために役立つ言葉

人間関係がうまくいかなくなると、多くの人が「**いい人間関係を築きたい**」と言って悩みます。

しかしこの言葉で悩んでいるあいだは、解決するのが難しいです。なぜかというと、**具体的でないから**です。

■「いい人間関係」は、たくさんの具体的な関わりによって実現される

いい人間関係とは、どのような関係をいうのでしょうか。

- 悩みを相談できる人がいる
- 休みの日に一緒に映画に行ける人がいる

- 気軽に冗談を言い合える人がいる
- 気軽にお酒に誘える人がいる
- 愚痴をこぼせる人がいる
- ランチに誘い合える人がいる

など、さまざまな「具体的な関わり」が集合してはじめて、「いい人間関係」が築かれます。

つまりこういった具体的な関わりを実現しない限りは、どんなに「いい人間関係を築きたい」と悩んでも、問題は解決できないということです。

■具体的な行動がイメージできない【集合体の言葉】

「いい人間関係」のように、たくさんの具体的な要素が集合して実現できるようなことを総称する言葉を**【集合体の言葉】**と言います。

どんなに悩んでも解決法が見つからないのは、この漠然と総称する言葉で悩んでいるからです。**もっと具体的な言葉を使って考えれば、たくさんの解決法がイメージでき、ストレスが少なくなります。**

「いい人間関係を築きたい」と悩むのではなく、「悩みを相談できる人がいたらいいいな」という具体的な言葉で考えるのです。

そうすれば、まわりにいる信頼できそうな人を探し、相談に乗ってもらうなど、解決に向けた行動が起こしやすくなります。

「休みの日に、一緒に映画に行ける関係を築きたい」という言葉で考えれば、「映画好きな友だちを作ればいい」と解決に向けたイメージや行動が見えてきます。

具体的な行動がイメージできる言葉で考える

集合体の言葉がなぜいけないのかというと、このように問題を解決しようとしたときに解決法が見つけにくいからです。

実は、私たちのまわりには集合体の言葉がたくさんあり、日常的に集合体の言葉を使ってコミュニケーションを取っています。たとえば「ダイエットをしたい」というのは集合体の言葉ですが、多くの人は「ダイエットしたい」と考えるのに伴って、「ランチを抜こう」「炭水化物は摂らないようにしよう」といった、具体的な言葉で、ダイエットに繋がる行動をイメージしています。

そのために、日常生活のなかで集合体の言葉を使っても、それほど問題は起こりません。

問題になるのは、ネガティブなことを解決しようとするときです。

このときに集合体の言葉で考え、解決しようとすると、解決法が見つからずに悩みを深めてしまいます。

たとえば**「うまくやらなければならない」「失敗してはダメ」「緊張してはいけない」などの言葉は、どれも集合体の言葉**です。

ある場面で「うまくやらないと！」と緊張し、行動を起こそうとしているのに、うまくやるために、具体的に何をすればいいのか、やるべき行動が何もイメージできないことが問題なのです。

だからこそ、**具体的な行動をイメージできる言葉で考える必要がある**のです。

悩んだときこそ、「具体的な行動」がイメージできる言葉です。

先人の言葉

生きるとは呼吸することではない。行動することだ　――　ルソー

あなたの言葉が伝わらないのは動作のせいかも?!
言葉と動作を一致させよう

■ 言葉と動作の不一致が不信感を抱かせる

人はあらゆる情報の80％を視覚から得ます。そのため**耳で聞いたことよりも、自分の目で見たことを信じる**という特徴があります。

相手から届く言葉と、自分の目で捉えた印象のバランスが合っている人には、安心感を持って接することができます。

笑みを浮かべ、優しく話しかけてくる人がいて、声や言葉遣い、しぐさや態度が、その雰囲気と合致していれば、安心してその人と向き合うことができ、好印象をもちます。

反対に、言葉と動作がチグハグしていてバランスが悪い人には、警戒心や悪印象を抱きます。

口調は丁寧なのに、態度が粗雑な人に出会ったならば、どちらが本当の姿だろうと考えて、耳に届く〝丁寧な言葉〟は、その人が取り繕って言った言葉で、自分の目で見た〝粗雑な態度〟が本当の姿なのだと判断します。

まわりの人に与えている、あなたの態度やしぐさの印象は、あなたの言葉や感情と一致しているでしょうか。

「みんなと一緒にいるのは楽しい」と言葉で言いながら、笑顔がなく、心臓を守るように腕組みをしていたら、相手には「仲良くしたいというのはきっと嘘で、本当は仲良くなどしたくないのね」と判断されているかもしれません。

仲良くしたいなら、笑顔で、心臓をグッと相手の方に向けながら、一歩近付いて、言葉と態度を一致させましょう。

言葉はごまかせるけど、態度やしぐさには本音が出ます。

いい関係を築くためにも、矛盾したメッセージには気をつけましょう。

先人の言葉

思考に気を付けなさい、それはいつか言葉になるから。
言葉に気を付けなさい、それはいつか行動になるから　——　マザー・テレサ

論理的思考、感情的思考、クリティカル思考
自分の「思考の型」を知って対処しよう

■ 思考の型を知って、コミュニケーションの取りかたをコントロール

人間には思考の形態があり、大きくわけると**「論理的思考型」「感情的思考型」「クリティカル思考型」**の3つの思考の型があると言われています。この型は固定的なものではなく、思考の傾向として捉えるとわかりやすいかと思います。日頃の自分は、どのような思考の傾向が強いのか。それを知っておくことも、イメージアップ戦略に役立ちます。

なぜなら思考の傾向を知ることで、「自分は論理的思考が強いから、論理で相手を説得してしまう傾向がある。しかしいまは相手の感情を満足させたほうがいいから、感情的な思考を意識しながら、コミュニケーションを取ろう」というように、**相手との関係や状況によって、コミュニケーションの取りかたをコントロー**

ルすることができるからです。

■合理的な判断ができる【論理的思考型】

ひとつめの思考の型は［論理的思考型］です。

この型が強い人は、**問題を整理し、分類・分析しながら、筋道を立てて思考を深めることができます**。そのため感情的になることは少なく、常に根拠や理由を明確にしながら、物事の整合性を見出し、合理的に解決していくことができます。

半面、**論理性が強く出てしまうと、周囲から「冷たい」「合理的すぎる」などの印象をもたれてしまうかもしれません**。

■情にもろいが、関係がこじれるとやっかいな【感情的思考型】

ふたつめは［感情的思考型］です。

このタイプのよい点は、**情にもろく、同情心も厚く、とても人付き合いがいい**、というところです。

半面、**いったんトラブルや気に入らないことがあると、感情を優先させた言動**

が多くなるため、人間関係がうまくいかなくなり、不平や不満が募りやすいという側面を持っています。

このタイプは、トラブルが起きると、関係を修復するのに時間がかかったり、とても仲良くしていたと思ったら、突然ケンカ別れしてしまったりと、極端な行動が多く、人にも物に対しても依存する傾向が強いといった特徴が見られます。

またネガティブな感情で判断することが習慣になると、仕事や対人場面でのトラブルが多くなり、そのためにひとつの仕事を長く続けることができず、転職を繰り返してしまうといった側面もあります。

■独自の世界を切り拓く【クリティカル思考型】

3つめは「クリティカル思考型」です。「クリティカル」には、批評的、鑑識眼のある、などの意味があります。

このタイプは、**何か問題があったときなどに、感情を優先するのではなく、ひとつの出来事に、たくさんの仮説を立てて考え、推考を重ねる**のが特徴です。

ひとつのことを多方面から分析し、検証して解決していくことができるために、

「頭が切れる」「鋭い」といった言葉で評価されることが多いです。

半面、**猜疑心が強い側面を持っているために、周囲からは、「疑り深い」と思われることもあります。**

しかし世のなかの常識にとらわれずに、新しい世界を切り拓いたり、問題を深く掘り下げて、本質を捉えた考えかたができたりする、鋭いタイプと言えます。

思考の型は常に変わる、変えられる

「思考」は、言葉を刺激にした、脳の「反応」でもありますから、思考の型は固定化されたものではありません。

また人間関係がうまくいっていないときは、どうしても感情的思考が強くなります。

自分の思考を客観視しながら、「いまは感情的思考が強いから、少し論理的に考えてみよう」などと上手にコントロールし、よりよい関係に役立ててください。

先人の言葉

考えることは己自身と親しむことである　――ウナムーノ（スペインの哲学者）

「べき」ではなく「できなくて当たり前」【絶対的思考】に気をつけよう

■ 自分との関係がうまくいかずにできる「ルール」

人間関係がうまくいかない人の多くは、実は、自分との関係もうまくいっていないことが多くあります。

非主張的な人は、対人場面でのトラブルは少ないのですが、内面的には自己承認度が低い、つまり自分のことを認めることができないことが多いのです。そのために、自分のことが嫌い、という傾向が強いです。

「人とうまく話すことができない自分が嫌だ」とか「みんなの輪に入っていけない自分が嫌い」とか、自己否定感が強く、自分に自信をもつことができません。

いっぽう、**攻撃的な人や主張的な人は、それがあまって相手を受け入れることができず、周囲とトラブルになることが多い**です。

そのトラブルが原因で「どうして自分はこうなのだろう」と自己嫌悪に陥り、悩む人もいますが、「自分はこのままでいい」と自己承認をして、マイペースを保つ人もいます。

第4章でご紹介したように、「相手も認め、自分も認める」アサーティブな関係が理想なのですが、「主張」と「受容」のバランスが崩れると、非主張的になりすぎたり、攻撃的になりすぎたりします。

偏りが高じると、うつ病などメンタルの病気にかかってしまう人もおり、なかなかやっかいです。

さらに**「主張」と「受容」のバランスが悪い人ほど、自分のなかに独自の「ルール」を持っている**ことが多く、そのルールは**［絶対的思考］**と呼ばれる強い信念となって、その人の行動を規範してしまいます。

■「〇〇であるべき、〇〇でないとダメ」という絶対的思考

絶対的思考とは、「〇〇でなければならない」「〇〇であるべき」といった考えかたを指しますが、たとえば、次のような言葉で表すことができます。

1. 人と話すときは、意味のある話をしなければならない
2. 自分のことよりも、相手を優先しなければいけない
3. 聞かれるまでは、自分の話をしてはいけない
4. 何か言われたら、必ずこちらも反撃しないと負けだ
5. 自分をいちばんに優先するべきだ

1〜3の信念が強いと非主張的になり、4〜5が強いと攻撃的になります。いずれも、人間関係をうまく築くことができない人に共通する特徴ですね。

■「できなくて当たり前」を前提に

このルールに従っていると、ますます人間関係が難しくなります。

まずは**このルールを捨てる**ことから始めましょう。

そのためにするべきことは、**「できなくて当たり前」を基準にして、人間関係改善に向けた行動を起こす**ことです。

そのときに、多くの人は、目標に向けた自分の行動に対し「いい歳をした大人なのだから、できて当たり前」と考え、できないところに目をやって、できない

自分にダメ出しをしてしまいます。そうしながら、できなかったことをできるようにするために「○○でなければならない」という独自のルールを作り、ルールに従って自分をコントロールしようとするのです。

しかし、これではうまくいきません。

新たに挑戦することには、「できなくて当たり前」を基準にしましょう。

この考えかたが基準になると、これまで苦手で挨拶などしたことがなかった人に挨拶をしようとして、うまくいかなかったときなどでも、「これまでやってこなかったのだから、できなくて当たり前か。次は頑張ろう」と状況を受け入れ、前向きな気持ちで仕切り直すことができます。

「できなくて当たり前」の考えかたが、心を柔軟にしてくれます。同時に、自分を変えるときに必要なメンタルを維持するためのコツでもあります。

ぜひ「できなくて当たり前」を基準に、自分を変える努力を続けてください。

先人の言葉

人生はどちらかです。勇気を持って挑むか、棒に振るか　――　ヘレン・ケラー

オープンなイメージを発して いい印象で伝わる人になろう

■受容的な態度は歓迎ムードを演出する

いい人間関係に、「いい印象」は必須アイテムです。

いい印象とは、ひとつは、**受容的である**ということです。

人に好かれる人は「私は、あなたを歓迎しています」というメッセージを全身から発信しています。

そのメッセージによって、その人の誠実さや思いやりが伝わり、周囲を温かい気持ちで包んでくれるため、誰からも好かれます。

■オープンなメッセージがいい印象を作る

では受容的な雰囲気は、どのようにして作ることができるでしょうか。

ポイントは、**笑顔**と、**全身から発信される雰囲気**です。笑顔そのものに加え、笑顔にふさわしい動作やファッション、声や言葉遣い、ヘアースタイル、化粧法など、全身のバランスが取れていることが大切です。

穏やかな笑顔を見せて、イキイキとした表情で周囲に気を配り、明るく活動的な動作でコミュニケーションを取っている人からは、言葉を交わさなくても、**「私は、親切で心優しい人間ですよ」というオープンなメッセージ**が伝わってきます。

いっぽう、**不機嫌でとげとげしい態度の人からは、「あなたのことは嫌い！」とか「私にはかまわないで！」とかいったクローズなメッセージ**が伝わります。

このようなメッセージを発信している人に、わざわざ話しかけて、気まずくなるような関係を結ぼうとする人はいませんね。

あなたが発信しているメッセージは、オープンメッセージでしょうか、それともクローズなメッセージでしょうか。

もしクローズなメッセージを発しているようだと気付いた場合には、ぜひオープンなメッセージに変えられるようにしてみてください。

■動作や態度の【共通性】が好感度を高める

周囲の人とのあいだに**【共通性】を作る**ことも、好感度を高めるためのポイントです。

共通性には、出身地が一緒であるとか血液型が同じという［話題の共通性］もありますが、**見た目でわかる【動作や態度の共通性】は、さまざまなシーンで効果を発揮**します。

たとえば、ホテルのロビーで仕事の待ち合わせをした際、近付いてくるあなたを認めた瞬間に、相手が立ち上がり、自分のほうからあなたに近付いてきたら、無条件でその人に対して好印象を持つのではないでしょうか。

その背景には、互いに「歩いて近付く」という共通性がありますね。

しかし、あなたの存在を認めながら、相手がロビーの椅子に座ったままでいたら、どうでしょうか。

きっと「この人は、私の存在を認めても、立ち上がろうともしない。私を歓迎していないのだろう」と考え、心理的な壁を作ってしまうのではないでしょうか。

心の壁は、その後の打ち合わせにも影響するでしょう。二人の関係が、一定の距離を保ちながら、クールなものになるだろうことは、容易に想像ができますね。では自分でも嫌だと思っているところが共通している場合は、どうでしょうか。相手に対して好意を持つのでしょうか。それとも嫌悪に変わるのでしょうか。この場合は似ていることで好印象を持つ人と、悪い印象を持つ人のふたつにわかれるようです。感情のメカニズムはなかなか複雑で、常に変化するものですので、似ていて嫌だという人もいることだけ覚えておきましょう。

笑顔とオープンメッセージがいい印象を作り、相手も自分自身をも幸せにします。

ぜひ相手との共通性を意識しながら、好印象を発信できる人になってください。

先人の言葉

いつもお互い笑顔で会うことにしましょう。笑顔は愛の始まりですから　——　マザー・テレサ

自分を認め、他人を認めるポジティブな感情を育てよう

■ 自分のせいか、他人のせいか

人間関係が苦手、というとき。①**自分に原因を置いて考え、反省しながら自分を責めるタイプ**と、②**相手に原因を置いて、相手のせいにしてしまうタイプ**のふたつにわかれます。

前者は、まわりから見るといい印象なのですが、本人は**自分を否定していて自己承認ができていません**。そのため「こんな私なんかが、まわりに好印象で映っているなんて」と、そこでも自分を否定してしまいます。

いっぽう、**後者は自己承認が強いのですが、その攻撃的な言動が周囲から反感を持たれ、人が離れていきます**。しかし、あまり意に介さずにいられます。

両者に共通するのは、どちらにも〝ネガティブな感情〟が根本にある、という

ことです。

この本を読んでくださっている方には、自分を責めてしまうタイプの人が多いのではないかと思いますが、ぜひ自己承認に繋がるポジティブな感情を自分のものにしていただきたいです。ポジティブな感情を持つことは、後者の方の人間関係改善にも効果的ですので、以下にご紹介する方法をぜひ実践なさってください。

■“プラスの面”に注目

ポジティブな感情を育てる方法について、ふたつお伝えします。

ひとつは、**マイナス面だけに注目するのではなく、プラス面に注目することを習慣にしていく**、ということです。

たとえば「最近、Aさんとうまくいっていない」というトラブルを抱えたとき、「うまくいっていない」ことに注目して悩むのではなく、「どうすれば修復できるだろうか」と視点を変えて考えるのです。

「うまくいっていない」のはマイナス面への注目ですが、「どうすれば修復できるだろうか」と考えるのはプラス面への注目です。

一度、相手との関係に「うまくいっていない人」とレッテルを貼ってしまうと、その後も、そのレッテルで相手を見てしまうようになります。

そのレッテルには、ネガティブな感情が伴っていますから、相手を意識するたびに表情や態度が頑なになり、二人のあいだにギクシャクした雰囲気が漂ってしまいます。

いっぽう**「どうすれば解決できるか」の視点で考えるようになると、「こちらから折れよう」「相手を受け入れよう」「謝ろう」など問題解決に向けた考えかたができるようになりますから、態度や気持ちに余裕が出ます。**

その余裕が表情や態度を柔らかくし、雪が解けるようにゆっくりとではありますが、相手との関係も修復の方向に向かいます。

「感情で反応しない」を習慣にする

ふたつめの方法は、**物事を感情で受け止めない訓練をする**、ということです。

上司に怒られるという出来事があったとき、あなたは「上司が怒ったのは、私のことが嫌いだからだ」と感情的に受け止めていないでしょうか。

このような受け止めかたをしていたら、脳は「私のことが嫌い」という後半の言葉を記憶してしまい、上司の顔を見るたびに「嫌われている」という思いが強くなります。

その思いは、上司との関係に距離を取らせ、自信をなくさせて、会社に行くのを嫌にさせてと、人生を悪循環に導きます。

感情で受け止めるのではなく、「上司に叱られた」という出来事だけを見るのです。**自分独自のネガティブな解釈を加えるのではなく、事実だけに注目する**のです。

そうすれば「どうやって挽回しようか」といった前向きな意識が芽生え、「今度、先輩に相談して教えてもらおう」などのポジティブな気持ちにもなれます。

人間関係には忍耐も必要ですが、自分の感情で悩み苦しんでも意味がありません。ぜひ「出来事」に注目して、広い視野で捉え解決できる、冷静な脳の習慣を作ってください。

先人の言葉

雨はひとりだけに降り注ぐわけではない
――ロングフェロー（アメリカの詩人）

colum

人は「笑う」から楽しくなる

人は「楽しいから笑う」と考えている人が多いと思いますが、実は、まったく楽しい状況ではないのに、「口を横に開く」表情を作るだけで「楽しい」という感情が生まれます。

顔の筋肉の情報が、脳にフィードバックされ、それによって「楽しい」という感情が沸いてくるのですが、これらはすでに心理学の実験などで証明されていることです。

同様に、恐怖や怒りの表情によっても、表情どおりの感情が生まれてしまいます。イライラした表情が怒りの感情を生むのです。

ですから、笑顔が足りないと思う人は、ぜひ口を横に開いて、笑顔を作るようにしてください。

感情は表情のあとからついてきます。

笑顔という表情が感情を生み、その感情が、人生に好循環を作ってくれます。

おわりに

最後まで読んでいただき、ありがとうございました。

本書は、人間関係にうんざりしている方だけでなく、人間関係に自信が持てない、コミュニケーションが苦手、という人をも意識しながら書きました。

「はじめに」でもお伝えしましたが、皆さんに、ぜひ自分の脳をポジティブに変える〝脳育〟をしていただきたいと思います。

脳にはセキュリティ機能が備わっていますから、精神的な命である〝自尊心〟を脅かすようなことには、敏感に反応します。そのためネガティブな感情や、否定的な思考は、自動的に生まれてしまいます。

そして、自分の感情や思考に素直な人ほど、ネガティブな脳内情報を多くして、自意識を敏感にしてしまいます。

私が主宰するコミュニケーションスクールにも、「あがり症」で悩んでいる方がたくさんおいでになりますが、皆さん本当に素直で感じのいい人たちばかりです。

自分の気持ちや考えたことを、とても素直に取り上げて悩み、自分を責め、解決法が見つからずに、悩みや苦しみを深めて、〝ネガティブ脳育〟をしてしまっているのです。

人間関係がうまくいかない人も、脳内環境はあがり症の人と変わりません。主張するよりは、自分を責めて問題を解決しようとし、多くの人が自分のことが好きではありません。そして、まわりの人との関係だけでなく、自分自身との関係も良好でないことが多いのです。

だからこそ、新しい〝脳育〟をしていただきたいのです。

私たちは、生きている限り、人との関わりを避けて通ることはできません。人生に幸せをもたらすのも、不幸をもたらすのも、人間です。だからこそ、ぜひ幸せをもたらす脳育をしていただきたいのです。

この本には、そのための方法が書かれています。

ただし方法だけ知っても、実践しなければ意味がありません。

方法は実践してはじめて効果を発揮します。本書に書かれていることを、ひとつでもふたつでも実践して、その効果を体験してみてください。その瞬間から、あなたの脳が変わりはじめます。

いまあなたが抱えている「悩み」は、言葉を変えれば「迷い」でもあります。迷いはあなたに「選択」を迫りますが、よい結果が期待できる選択をしたのなら、実行に移しましょう。

そのときに必要なのは、「勇気」だけです。勇気という言葉は、困難なときや迷いが多いとき、恐怖に満ちているときにこそ必要とされる言葉です。

また、人は常に向上したい、成長したい、よりよくなりたいと望む動物で、その欲求は本能的なものです。

あなたが「変わりたい！　変えたい！」と思ったその瞬間から、人生も自分も変えることができます。

本書があなたを変える一書となり、お役に立つことを心から願います。

２０１４年10月　新田祥子

■著者略歴
新田　祥子（にった・しょうこ）
エグゼクティブ・コミュニケーションカウンセラー。大学院修士人間科学修了。東京認知行動療法アカデミー研修上級修了。コミュニケーションスクール・セルフコンフィデンス主宰。

1950年生まれ。大学卒業後、編集者兼フリーランスライターとして㈱リクルート等で活躍。
2004年6月「あがり症の克服」と「論理的な話し方」を実現する、日本で初めての話し方教室「セルフコンフィデンス」を開設。
あがり症は話し方の問題ではなく「脳」の問題であることや、場数や練習では克服できないことを提唱。人間科学（心理学）とコミュニケーション学に基づく科学的な理論を背景に、最初のスピーチからドキドキせずに話せる指導を実践。あがり症を根本から解決する教室として定評がある。

著書に『もうだいじょうぶ！　心臓がドキドキせず　あがらずに話せるようになる本』（明日香出版社）、『練習15分論理力トレーニング教室』『練習15分あがらない話し方教室』『好かれる人の会話の法則』（以上、日本能率協会マネジメントセンター）などがある。

本書の内容に関するお問い合わせ
明日香出版社　編集部
☎(03)5395-7651

うんざりな人間関係《にんげんかんけい》がいとも簡単《かんたん》によくなる本《ほん》

2014年　10月　26日　　初版発行

著者　新田《にった》祥子《しょうこ》
発行者　石野栄一

明日香出版社
〒112-0005 東京都文京区水道2-11-5
電話 (03) 5395-7650（代表）
(03) 5395-7654（FAX）
郵便振替 00150-6-183481
http://www.asuka-g.co.jp

■スタッフ■　編集　早川朋子／久松圭祐／藤田知子／古川創一／余田志保
営業　小林勝／奥本達哉／浜田充弘／渡辺久夫／平戸基之／野口優／横尾一樹／田中裕也／関山美保子　総務経理　藤本さやか

印刷　株式会社文昇堂
製本　根本製本株式会社
ISBN 978-4-7569-1732-4 C2036